Liebe Eltern!

Sie haben ein Ferienübungsheft zur Wiederholung des Basis-Lernstoffes der 2. Schulstufe erworben.
Basiswissen ist wichtig, um in der 3. Klasse erfolgreich lernen zu können.

Der Hahn verweist auf Inhalte, die sich Ihr Kind besonders gut einprägen sollte.

Der Traktor in der Fußzeile nennt Ihnen das Lernziel und den Übungsinhalt.

- Die tägliche Lernzeit sollte 50 Minuten nicht überschreiten.
- Das Üben bringt den gewünschten Erfolg nur dann, wenn Ihr Kind konzentriert ist. Sorgen Sie daher für einen ruhigen Lernplatz, erstellen Sie einen Zeitplan und formulieren Sie gemeinsam konkrete Ziele.
- Stellen Sie begleitendes, motivierendes Material zur Verfügung: gespitzte Buntstifte, ausradierbare Schreibstifte, Sticker als Lob für besonders fleißiges Üben ...
- Das Vergleichen der Ergebnisse mit dem Lösungsteil sollten Sie gemeinsam mit Ihrem Kind durchführen. Dabei radieren Sie Falsches aus und wiederholen mit Ihrem Kind gemeinsam die Übung. Nur Richtiges soll im Ferienheft stehen!
- Wenn Ihr Kind bei einer Übung auffallend viele Fehler gemacht hat, gehen Sie diese Übung noch einmal gemeinsam durch. Vielleicht braucht Ihr Kind bei weiteren Übungen Ihre Unterstützung oder die Hilfe eines Lernpartners.

Erfolgreiches Lernen wünschen
Susanna Jarausch und Ilse Stangl

Finde die Tiernamen (→, ↓ oder ↘) und bemale sie.

A		L		L			K	A	L	B
	S	C	H	A	F	B	O	C	K	E
	T		Ü	K	O	E	N	N		E
W	I	K	N		H	E	N	G	S	T
E	E	U	D		L		K	I	T	Z
L	R	H	I	N	E		S	A	U	B
P	A	U	N	E	N	B	R	N	T	H
E	O		F	E	R	K	E	L	E	F
	L	A	M	M	T	I	E	R	R	E

Die übrig gebliebenen Buchstaben ergeben einen Satz.

Lies, male und zeichne.

Valentina hat blaue Augen.
Sie trägt einen gelben Sonnenhut,
an dem ein langes blaues Band mit gelben Punkten flattert.
Unter dem Hut schauen schwarze Zöpfe hervor.
Valentinas Rock ist
rot mit blauen Streifen.

Ihr T-Shirt ist blau.
In der Hand hält
sie einen langen Rechen.
Ihre Füße stecken in
rot-blauen Ringelsöckchen
und gelben Schuhen.

Kannst du noch das Alphabet?

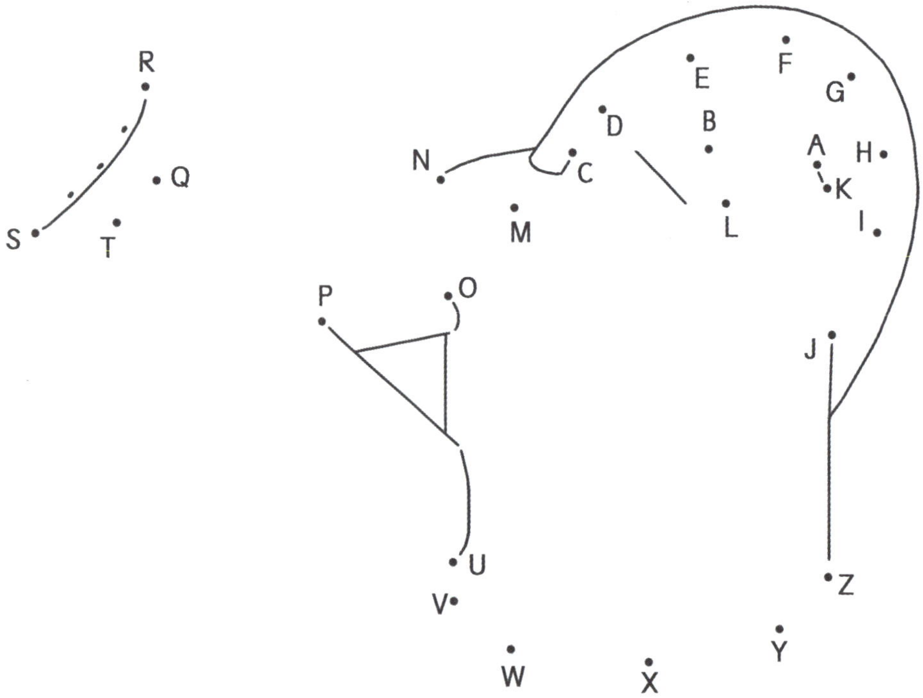

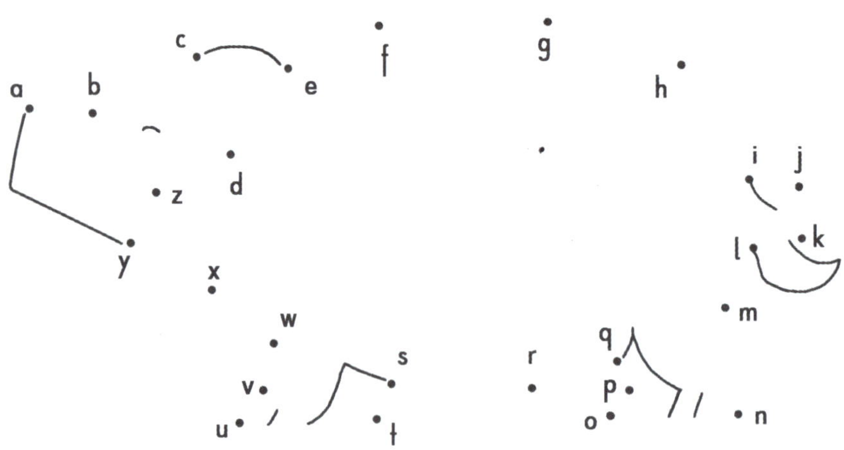

Wiederholung des Alphabets, Vorbereitung zur Arbeit mit dem Wörterbuch

Verbinde richtig.

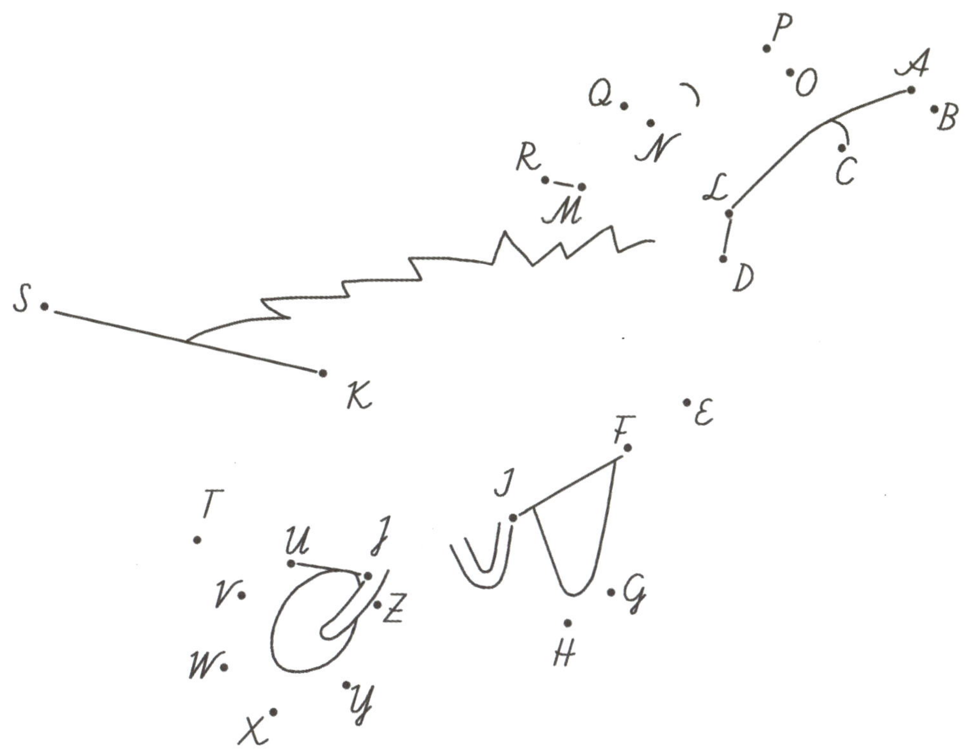

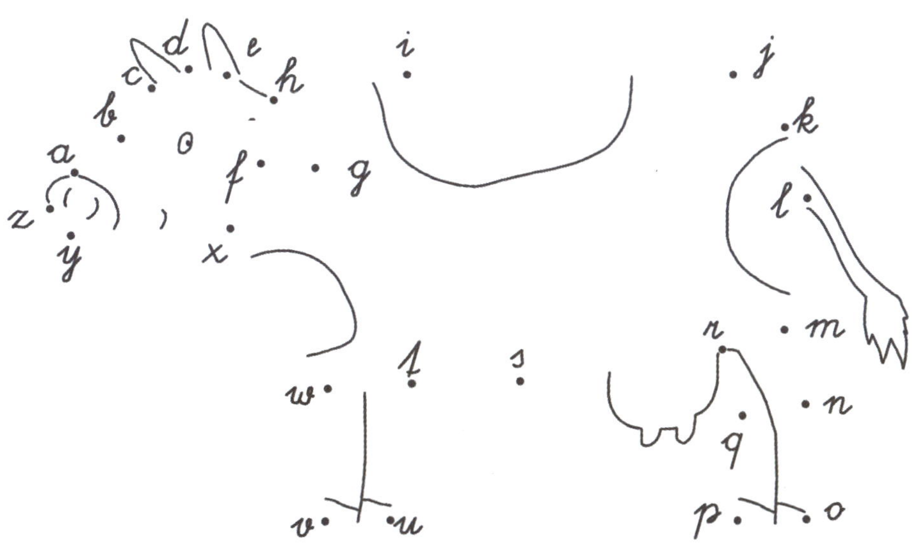

Suche Reimwörter.

Bauer Bauer 

 Stein

 Spatzen

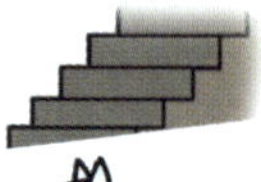 Stiege

Suche zusammengesetzte Wörter.

ANHÄNGER

BAUERN -

TRAKTOR - MIST - RÜBEN -

STALL

STROH - HAUFEN

SCHEUNEN -

FELD

HAUS

KUH -

HEU -

TOR

GABEL

BALLEN

Schreibe die gefundenen Wörter in Schreibschrift auf:

Lies, male und zeichne.

Konstantin trägt eine rot-weiß
karierte Hose und ein rotes Hemd.
Seine Haare sind hellbraun.
Er hat braune Augen.
Unter dem Arm trägt er einen
blau-grünen Ball.
Seine roten Socken schauen
ein wenig aus den blauen
Turnschuhen hervor.
Auf seinem linken Knie klebt
ein grünes Pflaster.

Lies schnell.

Regen ...

... schirm

... tropfen

... mantel

... wolke

Puppen ...

... haus

... stube

... bett

... kleider

Sonnen ...

... schirm

... creme

... hut

... brille

Kinder ...

... wagen

... buch

... spieplatz

... zimmer

Wasser ...

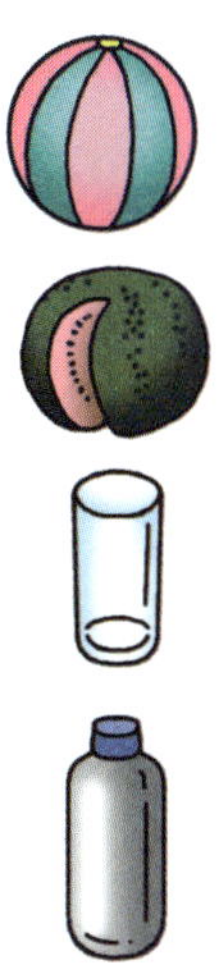

... ball

... melone

... glas

... flasche

Obst ...

... baum

... kuchen

... korb

... garten

So viel Obst!
Schreibe eine Zeile lang.

der Apfel

die Birne

die Zwetschke

die Kirsche

die Weintraube

die Erdbeere

die Marille

Hier fehlen Buchstaben! Setze ein.

Bir e  Weint aube   Zitr ne

 Zw tschke 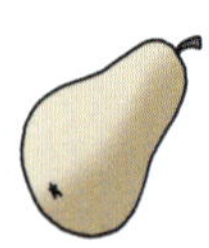 Apf l 

Anan s  Pfirs ch  Br mbeere

Mar lle

 Bana e   Mel ne

 K rsche

Welches Obst ist das?
Verbinde das Wort mit dem passenden Bild.

ZOTRINEN

HEREBIMEN

MIRALELN

RELIBSI

WAUBTREINEN

BENIR

MONELEN

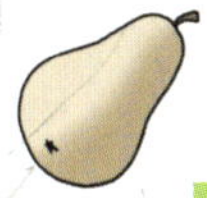

PIRFISCH

Finde das Obst.

P	M	A	R	I	L	L	E	B	N	U	S	S
F	E	P	I	B	U	Z	I	T	R	O	N	E
I	L	F	B	I	A	I	N	K	I	R	SCH	E
R	O	E	I	R	N	N	E	U	B	A	U	M
S	N	L	S	N	A	O	A	K	M	N	U	N
I	E	D	E	E	N	E	U	N	K	G	N	D
C	H	O	L	H	A	L	G	C	I	E	R	E
H	K	I	W	I	S	B	A	H	G	O	E	R

Diese zwölf Früchte solltest du gefunden haben. Bemale sie.

Wer will Obst essen?

__________ will einen Apfel essen.

__________ will einen __________ und eine Birne essen.

__________ will einen __________, eine __________ und eine Banane essen.

__________ will einen __________, eine __________, eine __________ und eine Zwetschke essen.

__________ will einen __________, eine __________, eine __________, eine __________ und ein paar Kirschen essen.

Oma will auch einen __________, eine __________, eine __________, eine __________ und ein paar __________ essen. Mmh!

Zu normgerechtem Schreiben gelangen, Formulierungsübungen im Bereich des Wortschatzes und der Satzstrukturen

Was gibt es wirklich? Kreise ein.

Apfelstrudel	Bananenbrut	Birnenworte	Zwetschkenkechen
Apfeltrudel	Bananebrat	Birnentorte	Zwetschkenkichen
Apfelfrudel	Bananenbrot	Birnenkorte	Zwetschkenkachen
Apfelpludel	Bananebret	Birnenlorte	Zwetschkenkuchen

Pfirsichich	Zitronentag	Marillenblödel	Obstmandat
Pfirsichsie	Zitronentier	Marillenknödel	Obstquadrat
Pfirsicheis	Zitronenbär	Marillenködel	Obstsalat
Pfirsiches	Zitronentee	Marillenschnödel	Obstverrat

Nummeriere die Sätze in der richtigen Reihenfolge.

- Danach entfernt sie die Kerne.
- Später wird der Obstsalat allen gut schmecken.
- Oma richtet sich Weintrauben, Äpfel, Pfirsiche und Zwetschken her.
- Nun schneidet sie das Obst in mundgerechte Stücke.
- Zuerst wäscht sie die Früchte gründlich.
- Oma bereitet einen Obstsalat zu.
- Sie vermischt das Obst mit Orangensaft, Zimt und etwas Joghurt.
- Dann stellt sie die Schüssel in den Kühlschrank.

Einen begrenzten Wortschatz sicher beherrschen, ungeordnet vorgegebene Sätze zu einem sinnvollen Text ordnen

Verwende jeweils den letzten Buchstaben als Anfangsbuchstaben für das nächste Wort.

Tiere

Nilpferd - Dackel - _am_ - _ff_ - _lefan_ -

ige - _e_ - _ir_ _ _ - _ _ _neck_ -

_l_ _ - _ _amäleon

Namen

Reime weiter.

Sturm ______ ______

______ ______

______ ______

Liege ______ ______

______ ______

______ ______

______ ______

Kopf ______ ______

______ ______

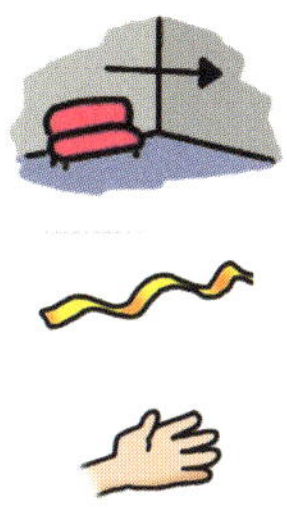

Wand ______ ______

______ ______

______ ______

Setze ein.

Es ging ein ______, da fiel der ______
von einem ______.

Peter trägt zuerst die ______, dann die ______
über die ______.

Susi mit dem ______ auf dem ______
rührt in einem ______.

An der ______ hängt das ______
für die ______.

Lies den Text.
Suche und bemale die Gegenstände im Bild.

In der Küche

Die Bäuerin hat eine grüne Schürze umgebunden.

In der Vase sind fünf gelbe Sonnenblumen.

Die Vase ist dunkelblau.

Neben dem roten Blumentopf liegt ein Kochbuch.

Auf dem Tisch steht eine große lila Schüssel.

Im Regal stehen zehn bunte Gewürzgläser.

Auf dem Sessel liegt ein rot-weiß karierter Polster.

Draußen regnet es.

In der Hand hält die Bäuerin einen braunen Kochlöffel.

Unter dem Sessel liegt eine graue Spielzeugmaus.

Eine schwarze Katze sitzt auf dem Teppich.

Dort steht auch ein roter Gummistiefel.

Wo ist der zweite Gummistiefel?

Welcher Zwielaut passt?

L ___ ter   kl ___ n   B ___ er   B ___ m

H ___ s

Sch ___ ne   k ___ fen

M ___ s   l ___ fen

H ___   n ___   Am ___ se

Ein Zwielaut ist ein Doppellaut, der aus zwei verschiedenen Selbstlauten besteht. Du weißt schon: Selbstlaute sind a, e, i, o, u.

Setze die richtigen Buchstaben ein.

Eine __ __eise krabbelt über die __eu__ Decke.

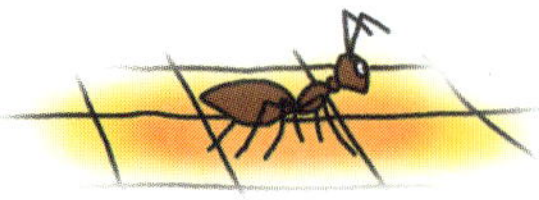

Unter dem __au__ steht eine __ei__ __ __.

Eine __ __eine __au__ huscht aus dem __au__.

Der __au__ __ bringt das __eu in die ____eu__ __.

Die Kinder __au__ __ __ auf den Markt und __ au__ __ __ frische Eier.

Suche die passenden Wörter. Verbinde mit jedem Wort zwei Bilder.

Melone

Pflaster

Hahn

Brille

Bank

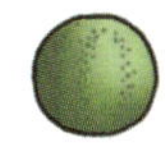

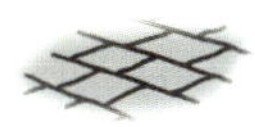

Welches Wort ist gemeint?

Mich tragen englische Männer auf dem Kopf,
aber ich bin auch eine erfrischende Frucht. ____________

Mich kannst du auf die Nase setzen,
du findest mich aber auch auf der Toilette. ____________

Du kannst dich auf mich setzen oder bei mir Geld einzahlen.

____

Mich kannst du auf eine Wunde kleben
oder auf mir spazierengehen. ____________

Ich spende dir Wasser oder rufe morgens „Kikeriki".

____

Wer bekommt die Wörter?
Verbinde die Kinder mit den passenden Luftballons.

Was gibt es wirklich? Kreise ein.

Palatschunken Palatschenken Palatschinken Palatschonken

 Eisbacher Eisbucher Eisbicher Eisbecher

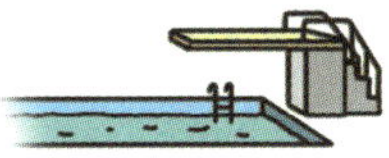

Schwemmbad Schwammbad Schwimmbad Schwummbad

Budehose Badehose Bedehose Bodehose 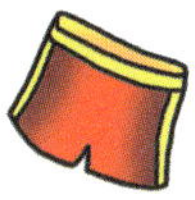

Liegspuhl  Liegestahl Liegespohl Liegestuhl

Sagelboot Segelboot Sogelboot  Sugelboot

Sannenblume Sinnenblume  Sonnenblume Sennenblume

Gurkensalet Gurkensalit Gurkensalat Gurkensalot 

Samdalen  Sardalen Saldalen Sandalen

Obstgarten Obstgurten Obstgirten Obstgerten 

 Ferientug Ferienteg Ferientag Ferientog

Blimenbeet Blamenbeet Blumenbeet  Blomenbeet

Welches Wort passt?

Die Kinder schwimmen im Sommer im

- See. 
- Tee. 

Auf der Wiese pflücken wir grünen

- Schnee. 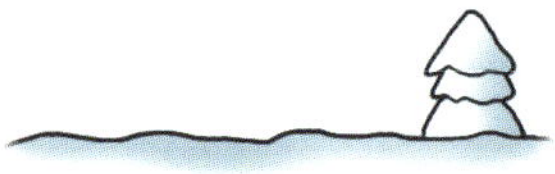
- Klee. 

In meinem Kopf sind viele

- Feen. 
- Ideen. 

Das große Schiff fährt über das

- Meer. 
- Heer. 

Der Sportler wirft seinen

- Teer. 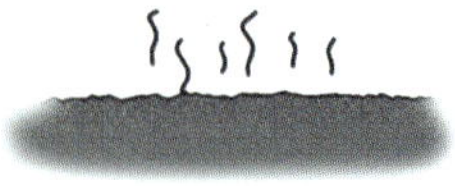
- Speer. 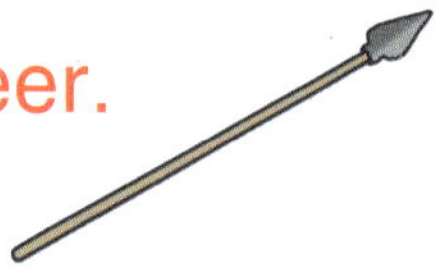

das Meer

der See

der Teer

der Schnee

die Ideen

der Tee

die Feen

der Klee

das Heer

der Speer

Schreibe alle ee-Wörter auf.

Es sind Namenwörter und sie haben einen Begleiter. Schreibe ihn dazu.
Beispiel: der See

Setze richtig ein.

Das ist ein Beet. ______

Ein Beet, in dem Blumen wachsen, ist ein Blumenbeet.
Ein Beet, in dem Gemüse wächst, ist ein Gemüsebeet.

 Rosen wachsen in einem Blumenbeet.

 Bohnen wachsen in einem Gemüsebeet.

 Astern wachsen in einem ______.

 Paprika wachsen in einem ______.

 Lavendel wächst in einem ______.

 Nelken wachsen in einem ______.

 Tomaten wachsen in einem ______.

 Salat wächst in einem ______.

 Tulpen wachsen in einem ______.

 Radieschen wachsen in einem ______.

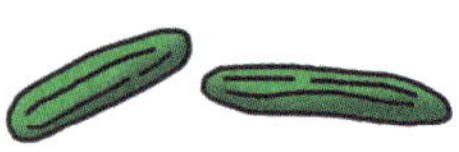 Gurken wachsen in einem ______.

 Lilien wachsen in einem ______.

Welche Liste liest du am schnellsten?

1

Klopapier
Sonnenschirm
Liegebett
Mangosaft
Regenbogen
Zeitungsjunge
Lederball
Nagelschere

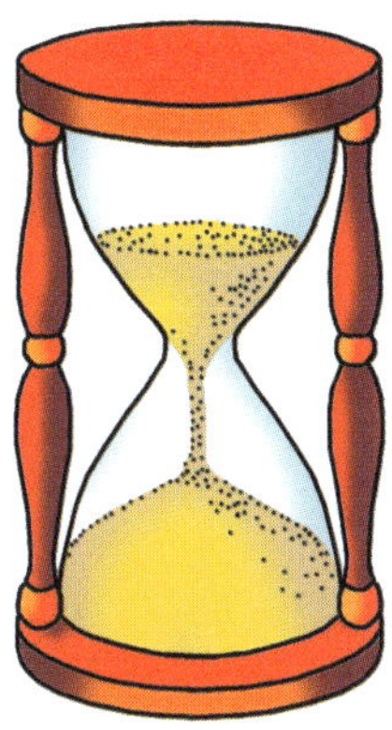

2

Blumenwiese
Blumengarten
Blumenvase
Blumenkinder
Kinderschirm
Sonnenschirm
Regenschirm
Lampenschirm

3

Lesebuch
Kindergarten
Autobus
Straßenbahn
Kletterturm
Angelrute
Taschentuch
Zahnspange

4

rote Äpfel
heiße Würstel
kalter Tee
scharfer Senf
grüner Salat
süße Marillen
bittere Schokolade
saure Gurken

Wie heißen die Kinder?
Welche Farben haben ihre Murmeln? Trage ein.

__________ hat zwei ______ Murmeln und drei ______ Murmeln. Eine ______ Murmel hat er auch.

__________ hat vier ______ und zwei ______ Murmeln.

__________ hat zwei ______ Murmeln und drei ______ Murmeln.

__________ hat vier ______ Murmeln.

__________ hat drei ______ Murmeln. Fünf ______ und zwei ______ Murmeln hat sie auch.

__________ hat fünf ______ Murmeln und vier ______ Murmeln.

Finde die Farben.
Achtung: Du musst in alle Richtungen suchen!

M	I	O	A	G	B	W	S	I	L	B	E	R
E	L	Z	O	E	R	O	T	T	S	O	R	M
A	U	L	B	L	A	U	Ü	O	W	E	I	T
R	D	A	O	B	U	T	R	T	E	I	G	E
A	U	G	R	Ü	N	A	K	O	C	K	E	R
O	R	A	N	G	E	V	I	O	L	E	T	T
G	Z	R	A	W	H	C	S	L	I	L	A	T

Wie viele Farben hast du gefunden?

Schreibe sie hier auf:

Lieblingsfarben!
Bemale die Sätze, die zusammengehören, mit der jeweiligen Farbe.

Ritas Lieblingsfarbe ist Lila.

Was ist Antons Lieblingsfarbe?

Gelb ist Klaras Lieblingsfarbe.

Lenas Lieblingsfarbe ist Rot.

Mama mag alle Farben.

Blau ist Antons Lieblingsfarbe.

Was ist Ritas Lieblingsfarbe?

Was ist Lenas Lieblingsfarbe?

Was ist Klaras Lieblingsfarbe?

Bens Lieblingsfarbe ist Grün.

Antons Lieblingsfarbe ist Blau.

Klaras Lieblingsfarbe ist Gelb.

Lila ist Ritas Lieblingsfarbe.

Grün ist Bens Lieblingsfarbe.

Mama hat keine Lieblingsfarbe.

Rot ist Lenas Lieblingsfarbe.

Was ist Bens Lieblingsfarbe?

Was ist Mamas Lieblingsfarbe?

Einen begrenzten Wortschatz sicher beherrschen, Formulierungsübungen im Bereich des Wortschatzes und der Satzstrukturen

Ordne die Sätze.

- So entstehen viele neue Farben.
- Er mischt mehrere Farben miteinander.
- Leon will malen.
- Er holt seinen Malkasten, einen Pinsel und Wasser.
- Es wird ein besonders schönes Bild.
- Leon macht den Pinsel nass und rührt damit die Farbe an.

Welche Farbe ist das? Male aus und schreibe.

- OGRANE ____________________
- VEOLITT ____________________
- TIKÜRS ____________________
- SCHRAWZ ____________________
- PNIK ____________________
- SELBRI ____________________
- ALLI ____________________
- BALU ____________________

Ungeordnet vorgegebene Sätze zu einem sinnvollen Text ordnen, visuelle Gliederungsfähigkeit

Was ist auf dem Bild zu sehen?

Kreuze an.	richtig	falsch
Der Bauer melkt die Kühe.	☐	☐
Die Katze sitzt auf dem Traktor.	☐	☐
Tom schiebt die Scheibtruhe mit seiner kleinen Schwester Franziska.	☐	☐
Peter und Sissi treiben die Schafe auf die Weide.	☐	☐
Paul streut Körner aus dem Korb auf den Boden.	☐	☐
Der Hahn und die Hennen picken die Körner auf.	☐	☐
Die Leiter ist umgefallen.	☐	☐
Fritz füttert die Ziegen.	☐	☐

Aus zwei mach eins.
Achtung: In der Wortmitte schreiben wir nur kleine Buchstaben!

Gemüse	Baum	______
Butter	Haufen	______
Apfel	Stall	______
Tomaten	Kanne	______
Kuh	Beet	______
Sommer	Gabel	Heugabel
Mist	Ferien	______
Milch	Stiefel	______
Heu	Suppe	______
Gummi	Garten	______
Obst	Brot	______

Lies die Geschichte laut, mit Piepsstimme, flüsternd und als ob du auf einer Bühne wärst.

Regen

Lea und Leo schauen aus dem Fenster.
Aus einer dunklen  fallen dicke .
Die Kinder möchten trotzdem draußen spielen.
Also holt Leo seine , seine , seinen  und seine . Lea holt ihren , ihre , ihren  und ihre .
„Wer ist zuerst fertig angezogen?", ruft Lea.
Beide Kinder beeilen sich und haben fast gleichzeitig ihre wetterfeste Kleidung an.
Aus dem Schirmständer im Vorzimmer nimmt Leo noch einen  mit. Fröhlich spazieren die Kinder durch den Regen.
Sie hören auf die , die auf den  fallen.
Als die Sonne durch die  scheint,
freuen sich Leo und Lea über einen .

Schreibe die Regenwörter auf.

In der Wortmitte schreiben wir nur kleine Buchstaben!

der Regen	die Wörter	die Regenwörter
der Regen	die ______	die ______
der ______	______	______
der ______	______	______
der ______	______	______
der ______	______	______
der ______	______	______
der ______	______	______
der ______	______	______
der ______	______	______

Von welchem Wort bekommt das zusammengesetzte Wort den Begleiter? ______

Schreibe jeweils eine Zeile lang.

Mittwoch

Sonntag

Dienstag

Montag

Donnerstag

Freitag

Samstag

Setze die fehlenden Buchstaben ein.

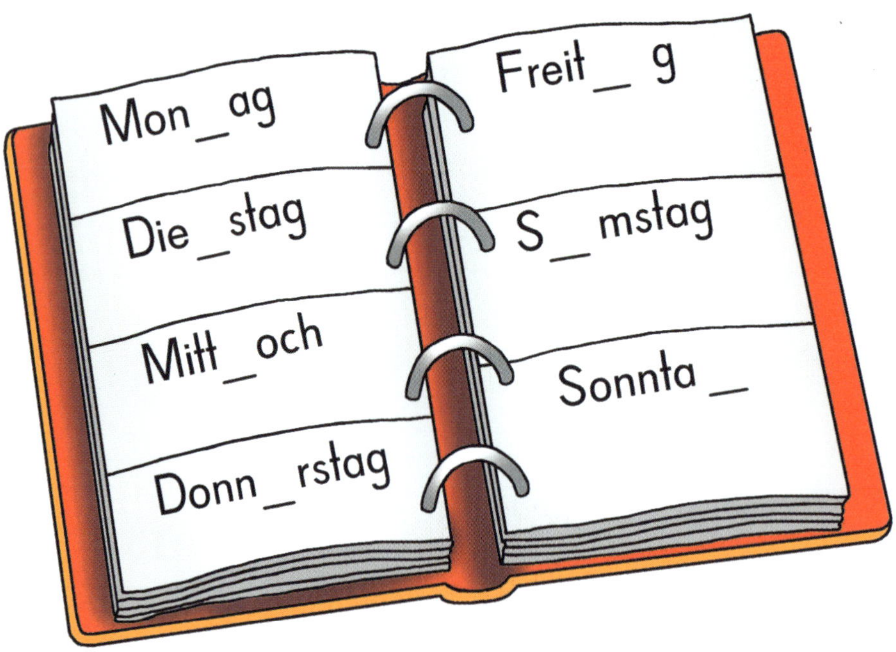

Welcher Tag ist das?

SANNTOG	FEITRAG	DERSONNTAG	DNIETSAG
________	________	________	________

MOTTWICH	STAMSAG	TOGMAN
________	________	________

Kreise die gefundenen Tage ein.
Suche waagrecht →← und senkrecht ↓.

O	N	S	M	I	T	T	W	O	C	H
S	D	I	E	N	S	T	A	G	C	T
S	O	N	N	T	A	G	T	O	G	A
A	N	N	M	I	T	T	W	O	C	H
M	N	T	T	G	A	T	I	E	R	F
S	E	A	G	A	T	I	E	R	F	R
T	R	G	A	I	G	A	T	A	G	E
A	S	A	M	S	T	A	G	E	A	I
G	T	M	O	N	T	A	G	T	T	T
S	A	M	S	T	A	G	E	G	A	A
A	G	T	D	I	E	N	S	T	A	G

Wie oft hast du diese Tage gefunden?

MO		DI		MI		DO		FR		SA		SO	

Setze richtig ein.

Heute ist Montag. Morgen ist Dienstag. Übermorgen ist Mittwoch.

Heute ist Dienstag. Morgen ist Mittwoch. Übermorgen ist __________.

Heute ist Mittwoch. Morgen ist Donnerstag. Übermorgen ist __________.

Heute ist __________. Morgen ist Freitag. Übermorgen ist Samstag.

Heute ist __________. Morgen ist Samstag. Übermorgen ist Sonntag.

Heute ist __________. Morgen ist Sonntag. Übermorgen ist Montag.

Was gibt es wirklich?
Kreise ein.

OBERMORGEN	ÜBERMORGEN	ABERMORGEN	EBERMORGEN
VORGESTERN	VIERGESTERN	VONGESTERN	VOLLGESTERN
GEBÜRTSTAG	GEBARTSTAG	GEBIRTSTAG	GEBURTSTAG
FEIERTAG	LEIERTAG	MEIERTAG	GEIERTAG
SONNTAG	SONGTAG	SOHNTAG	SINNTAG
DOHNERSTAG	DOMNERSTAG	DONERSTAG	DONNERSTAG
MITTELWOCH	MITTEWOCH	MITTWOCH	MOTTWICH
TIENSTAG	RIENSTAG	DIENSTAG	SIENSTAG

Visuelle Gliederung, einen begrenzten Wortschatz sicher beherrschen

Setze die richtigen Monatsnamen ein.

Viel Arbeit auf dem Bauernhof

Im __________ und im __________ werden Arbeiten im Haus und im Stall erledigt.

Im __________ beginnt die Arbeit auf dem Feld.

Im __________ fängt die Aussaat von Getreide an.

Im __________ werden die Wiesen erstmals gemäht.

Im __________ werden die Rinder und die Schafe auf die Almen getrieben.

Im __________ und im __________ werden Gemüse und Getreide geerntet.

Im __________ sind Äpfel, Birnen und Trauben reif.

Im __________ ist Almabtrieb. Die Tiere kommen wieder in den Stall.

Im __________ und im __________ wird im Wald gearbeitet.

Kreise die gefundenen Kalenderwörter ein.
Es sind Wochentage und Monate.
Achtung: Du musst in alle Richtungen suchen!

S	O	M	O	N	T	A	G	S	E
A	L	A	K	A	P	R	I	L	A
D	M	I	T	T	W	O	C	H	O
X	F	E	B	R	U	A	R	G	B
B	Z	S	O	N	N	T	A	G	R
S	D	I	E	N	S	T	A	G	C
E	N	J	O	L	S	S	T	D	A
P	M	B	U	M	R	S	J	E	O
T	E	J	A	N	U	A	R	Z	K
E	R	S	X	G	I	S	Y	E	T
M	S	W	U	M	Ä	R	Z	M	O
B	K	A	G	U	V	T	R	B	B
E	A	O	S	T	E	R	N	E	E
R	H	J	K	L	M	N	B	R	R
Ä	N	O	V	E	M	B	E	R	F

Schreibe hier die gefundenen Wörter auf.

Tage: ______________________________

Monate: ______________________________

Welcher Monat fehlt? __________

Hast du noch ein Kalenderwort gefunden? __________

Ergänze die Sätze.

Lampenschirm

Blumentopf

Sonnenhut

Wanderstock

Segelboot

Hannelore Wohlgemut

hat einen neuen ______________________.

Peter Alois Neugewirm

hat einen neuen ______________________.

Alexandra Wiedehopf

hat einen neuen ______________________.

Leopoldine Morgenrot

hat ein neues ______________________.

Erich Josef Eberstock

hat einen neuen ______________________.

Tierfamilien

Das weibliche Pferd heißt Stute.
Ihr Kind ist das Fohlen. Der Vater heißt Hengst.

Das männliche Schwein heißt Eber.
Sein Kind ist das Ferkel. Die Mutter heißt Sau.

Kalb heißt das Junge der des Rindes.
Das weibliche Rind ist die Kuh, das männliche der Stier.

Die Jungen der Hündin und des Rüden heißen Welpen.

Bei den Schafen und den Ziegen heißt das Männchen Bock.
Die Geiß und das Kitz gehören zum Ziegenbock,
das Mutterschaf und das Lamm zum Schafbock.

Trage die Namen der Familienmitglieder ein.

	Männchen	Weibchen	Junges

Das erzählt Florentin im Juni seiner Klasse:

Im August machen wir Urlaub auf dem Bauernhof.
Wir fahren mit der Bahn bis Schladming.
Dort holt uns der Bauer mit dem Traktor ab.
Er lädt unsere Koffer auf und bringt sie zu seinem Hof.
Meine Eltern, meine Geschwister und ich gehen den
Weg zu Fuß. Sicher ist es ein toller Urlaub!

Das schrieb Florentin im September in sein Heft:

Im August machten wir Urlaub auf dem Bauernhof.

Wir fuhren ______________________________

______________________________.

Dort ______________________________

______________________________.

Er lud ______________________________

______________________________.

Meine Eltern, ______________________________

______________________________.

Es war ______________________________.

Überlege.

Welche Zahl gehört nicht in die 5er-Reihe?

5 15 45 26 35 25

Welche Zahl gehört nicht in die 9er-Reihe?

9 15 27 45 36 72

Welche Zahl gehört nicht in die 2er-Reihe?

3 4 8 16 12 18

Welche Zahl gehört nicht in die 4er-Reihe?

4 16 25 28 40 12

Welche Zahl gehört nicht in die 10er-Reihe?

10 50 90 20 35 70

Bemale die Felder mit den Ergebniszahlen.

$3 \cdot 5$ $\quad$ $2 \cdot 6$

$5 \cdot 5$ $\quad$ $1 \cdot 3$

$4 \cdot 4$

$5 \cdot 2$ $\quad$ $3 \cdot 3$

$7 \cdot 2$ $\quad$ $3 \cdot 6$

$2 \cdot 8$

$2 \cdot 3$ $\quad$ $4 \cdot 5$ $\quad$ $5 \cdot 1$

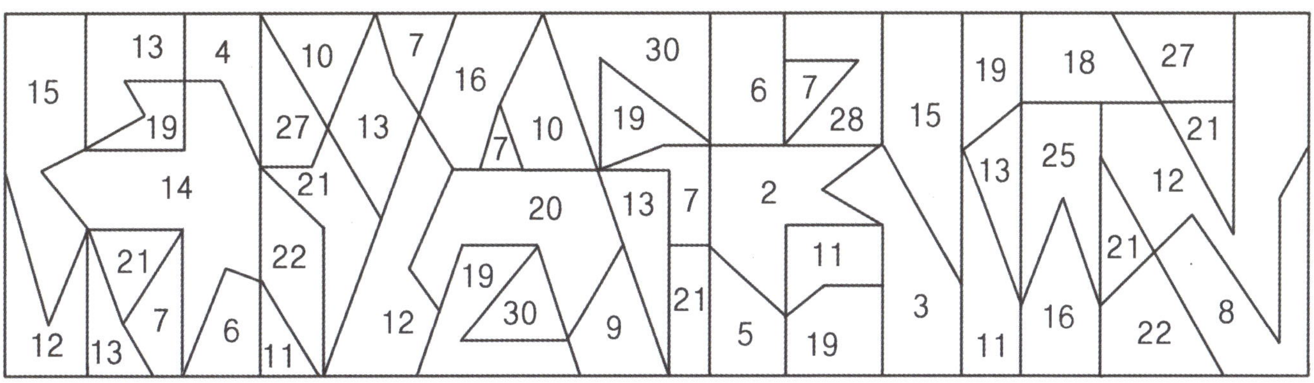

$1 \cdot 6$ $\quad$ $4 \cdot 2$

$5 \cdot 3$

$4 \cdot 3$

$1 \cdot 2$ $\quad$ $1 \cdot 4$ $\quad$ $3 \cdot 4$

Schreibe die Zahlen in der richtigen Reihenfolge nach.

1	2	3	4	5	6	7	8	9	10
11	12	13	14	15	16	17	18	19	20
21	22	23	24	25	26	27	28	29	30
31	32	33	34	35	36	37	38	39	40
41	42	43	44	45	46	47	48	49	50
51	52	53	54	55	56	57	58	59	60
61	62	63	64	65	66	67	68	69	70
71	72	73	74	75	76	77	78	79	80
81	82	83	84	85	86	87	88	89	90
91	92	93	94	95	96	97	98	99	100

Wer bin ich?
Kennzeichne die Lösungen in der Hundertertafel.

Ich bin um 2 größer als 26.

Ich habe meinen Platz direkt unter 68.

Vier Zeilen unter mir steht 77.

Ich habe am Ende eine Null und stehe in der ersten Zeile.

Wir vier stehen genau in der Mitte der Hundertertafel.

Mein Platz ist vor 83.

Mein Platz ist direkt über 44.

Wenn du von mir aus 3 Felder nach rechts schaust, landest du bei 26.

Ich bin rechts von 11.

Wenn du von mir aus 5 Felder nach links schaust, siehst du 62.

Sechs Zeilen über mir steht 13.

Ich bin die kleinste Zahl im Feld.

Ich bin eine dreistellige Zahl.

Ich stehe in der 9. Spalte in der 2. Zeile.

Ich bin um 9 kleiner als 100.

Ich stehe zwischen 79 und 99.

Meine Nachbarn heißen 63 und 65.

Diese Rechnungen musst du sicher können,
damit du leicht weiterrechnen kannst.

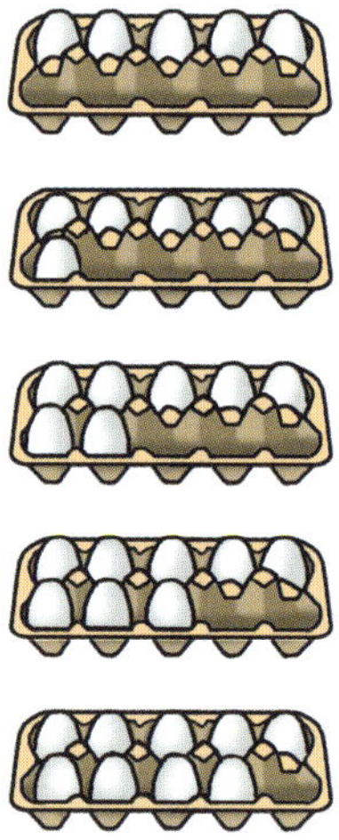

5 + 5 = 10

6 + 4 = 10

7 + 3 = 10

8 + 2 = 10

9 + 1 = 10

Rechnungen in Gruppen:

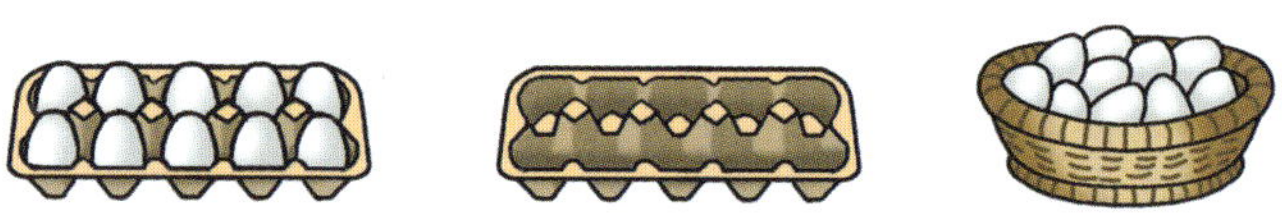

5 + 6 = 11 | 5 + 7 = 12 | 5 + 8 = 13 | 5 + 9 = 14

6 + 5 = 11 | 6 + 6 = 12 | 6 + 7 = 13 | 6 + 8 = 14 | 6 + 9 = 15

7 + 4 = 11 | 7 + 5 = 12 | 7 + 6 = 13 | 7 + 7 = 14 | 7 + 8 = 15
7 + 9 = 16

8 + 3 = 11 | 8 + 4 = 12 | 8 + 5 = 13 | 8 + 6 = 14 | 8 + 7 = 15
8 + 8 = 16 | 8 + 9 = 17

9 + 2 = 11 | 9 + 3 = 12 | 9 + 4 = 13 | 9 + 5 = 14 | 9 + 6 = 15
9 + 7 = 16 | 9 + 8 = 17 | 9 + 9 = 18

Verbinde die Ergebnisse der Reihe nach,
beginne mit der kleinsten Zahl!

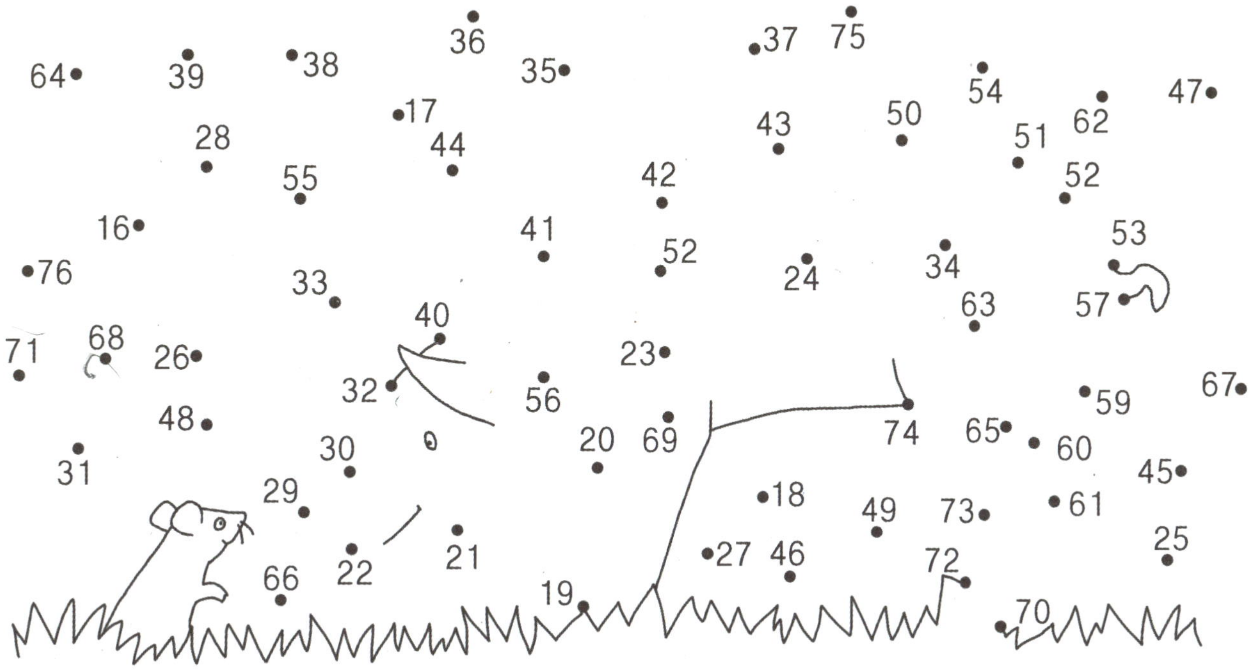

17 + 2 =	28 + 1 =	39 + 1 =
17 + 3 =	28 + 2 =	39 + 2 =
17 + 4 =	28 + 4 =	39 + 3 =
17 + 5 =	28 + 5 =	39 + 4 =
49 + 1 =	68 + 2 =	56 + 1 =
49 + 2 =	68 + 4 =	56 + 3 =
49 + 3 =	68 + 5 =	56 + 4 =
49 + 4 =	68 + 6 =	56 + 5 =

Ergänze die Rechnungen so, dass sie alle richtig sind.

5 = 1 + ___ + 2	2 + 3 = ___ - 1	8 = 3 + ___ + 1
12 - ___ = 3 + 2	9 + 7 = 20 - ___	3 · 6 + ___ = 20
15 : 3 = ___ + 5	8 + ___ = 20 - 3	10 + 10 = ___ · 5
3 · 8 = ___ + 20	96 - ___ = 9 · 9	45 - 25 = ___ : 5
64 : 8 = ___ - 2	75 - 16 = ___ + 9	72 - ___ = 8 · 8

Auf beiden Seiten des = (Ist-gleich-Zeichens) muss immer der gleiche Wert stehen.

Welches Stäbchen nimmst du zuerst?

①

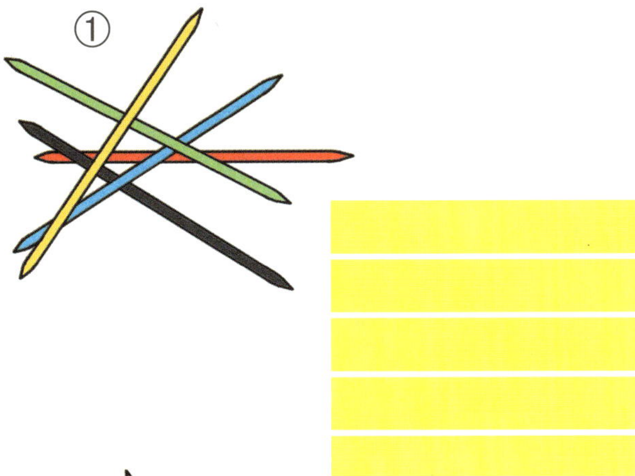

④

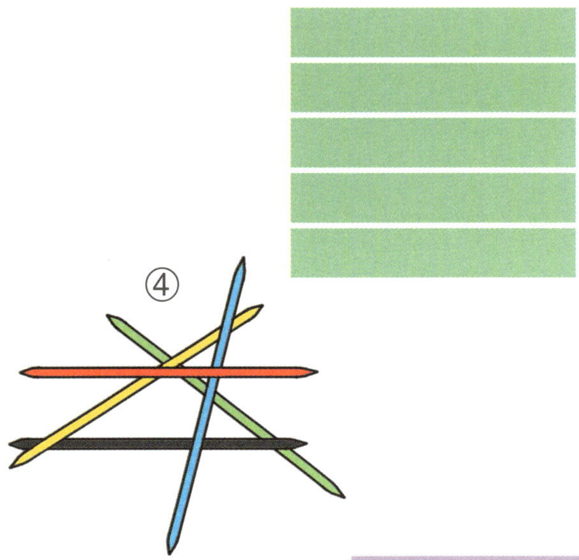

②

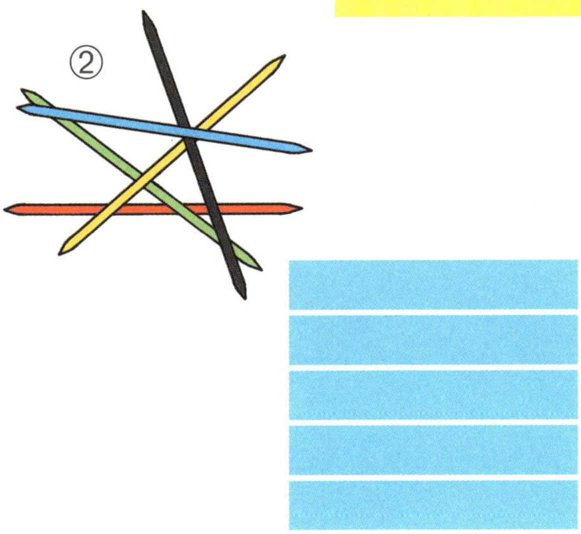

⑤

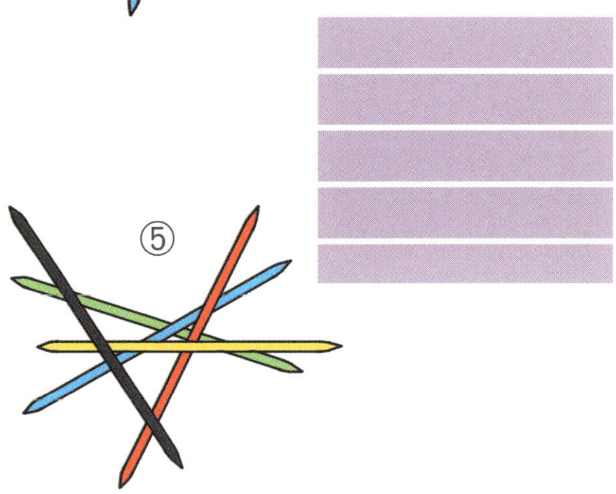

③

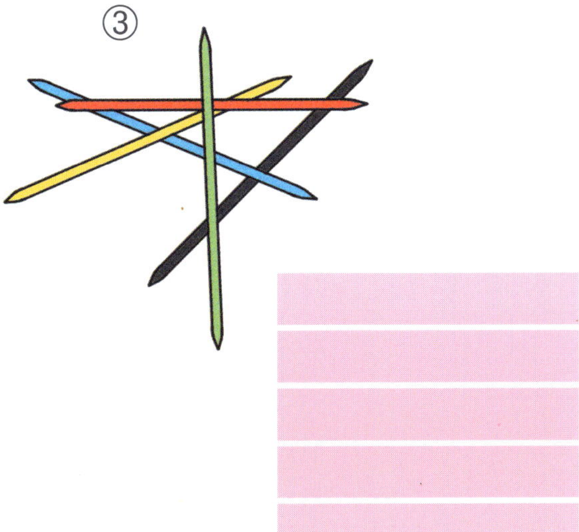

⑥

Befülle die Wundertüten so, dass der Inhalt immer gleich viel wert ist.

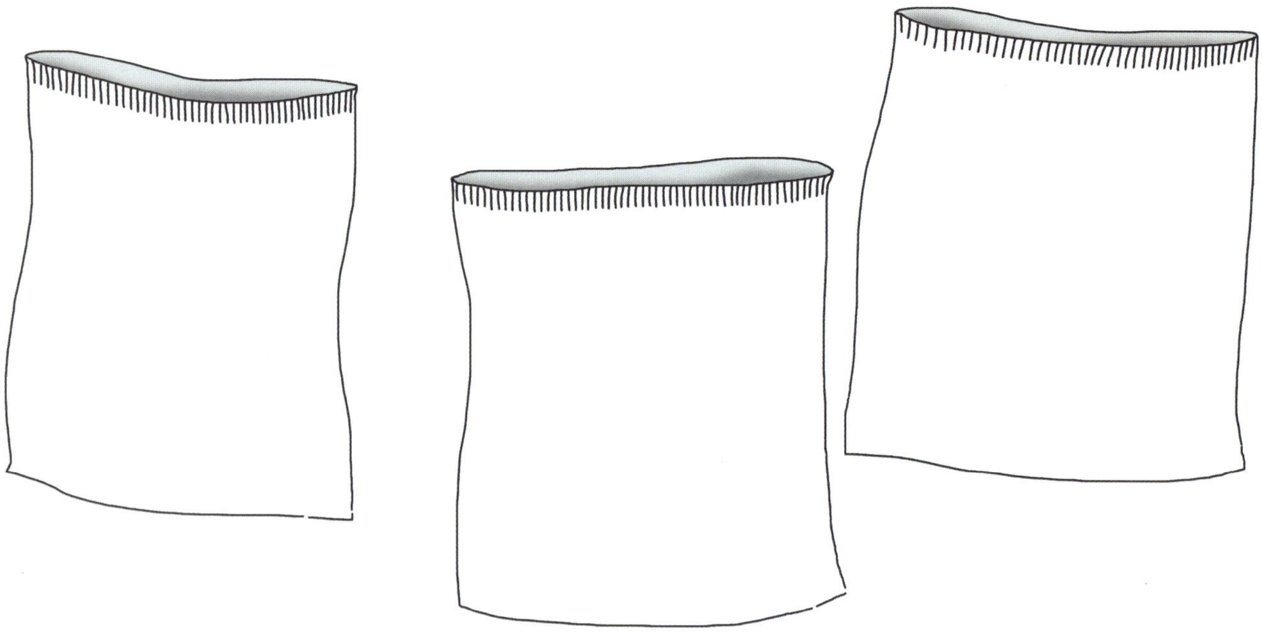

 Ein Schlecker kostet 1 € 50 c, auf dem Preisschild steht 1,50 €!

Wie viel verdient der Verkäufer, wenn jede  um 4 € verkauft wird, pro Tüte?

Der Verkäufer verdient pro Tüte ___ €.

Wie viel wiegen die Körbe nach dem Einkauf?

Der Korb wiegt ___ kg und ___ dag.

Der Korb wiegt ___ kg und ___ dag.

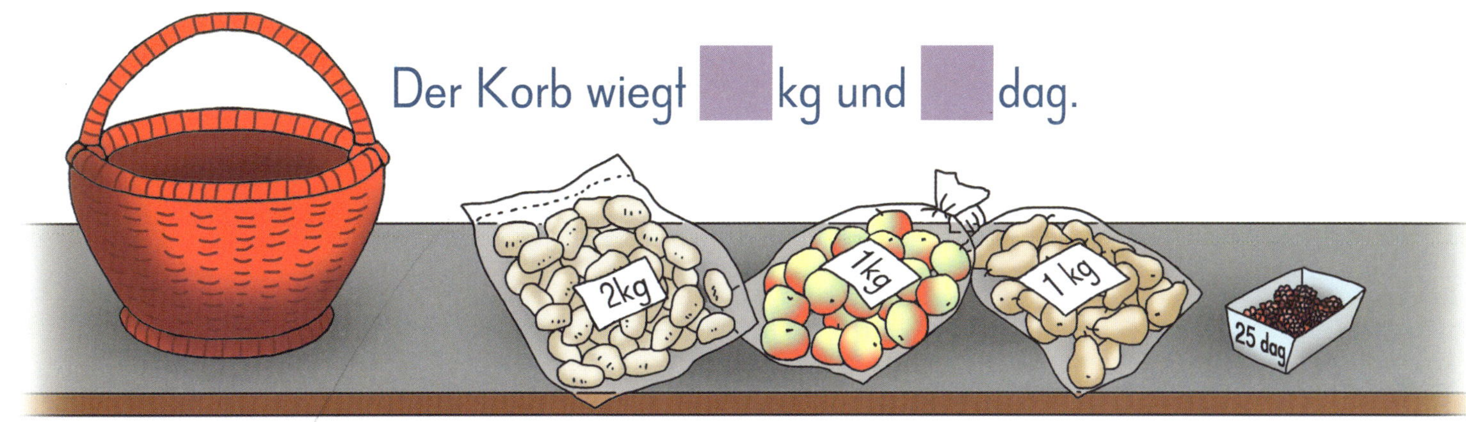

Der Korb wiegt ___ kg und ___ dag.

Verbinde und schreibe auf.

Immer 12!

12 = ___ · ___

3   12   6

3

12 = ___ · ___

2

12 = ___ · ___

2   4

12 = ___ · ___

4

1

12 = 2 · 6

6

12 = ___ · ___

1   12

Immer 20!

20 = ___ · ___

20   1

4   10

20 = ___ · ___

5

5

20 = ___ · ___

4

20 = ___ · ___

10   1   2

20 = ___ · ___

20 = ___ · ___

2

20

Verkehrszeichen hast du sicher schon oft gesehen.
Verbinde die Zeichen mit den richtigen Namen ihrer Form.

Viereck Kreis Dreieck

Ein Viereck, das vier gleich lange Seiten hat, heißt Quadrat.
Ein Viereck, bei dem die gegenüberliegenden Seiten gleich lang sind, heißt Rechteck.

Verbinde die Punkte mit dem Lineal und benenne die Form.

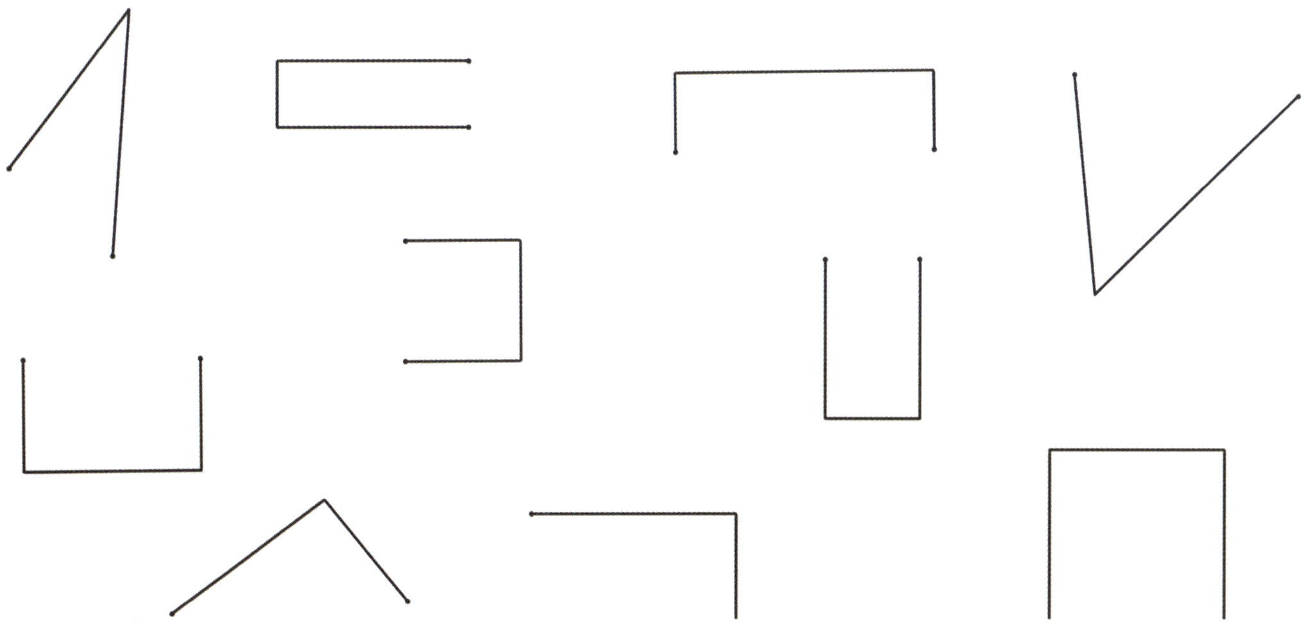

Immer 16!

16 ·   1 ·   8 ·   4 ·   8   4   1   16   2   2 ·

1 · ___ = 16

2 · ___ = 16

4 · ___ = 16

8 · ___ = 16

16 · ___ = 16

Immer 24!

3 ·   6   2 ·   12 ·   8 ·   8   2   4 ·   12   3

2 · ___ = 24

3 · ___ = 24

4 · ___ = 24

8 · ___ = 24

12 · ___ = 24

Suche die fehlende Zahl.
Wie wurde sie berechnet?

Beispiel:

Zahlenfolge	Rechnung	Regel
1 11 21 31 41	31 + 10 = 41	immer + 10
2 4 6 8 ☐		
3 5 7 9 ☐		
2 6 10 14 ☐		
3 6 9 12 ☐		
100 95 90 85 ☐		
2 4 8 16 ☐		
1 3 9 27 ☐		
4 14 24 34 ☐		
56 61 66 71 ☐		
49 42 35 28 21 ☐		

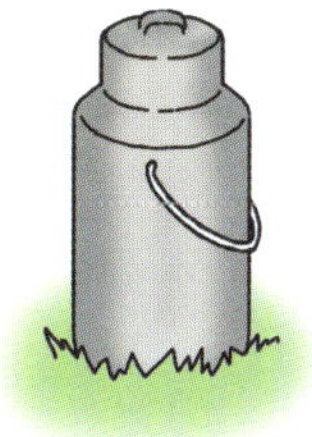

Lea und Leo nehmen abwechselnd je eine Karte.
Lea darf mit 1 beginnen.
Leo nimmt 2 usw.

1 2 3 4 5 6 7 8 9 10 11 12
13 14 15 16 17 18 19 20 21 22 23 24
25 26 27 28 29 30 31 32 33 34 35

Schreibe alle Zahlen von Lea auf:

____

____

Das sind die ungeraden Zahlen.

Schreibe nun alle Zahlen von Leo auf:

____

____

Das sind die geraden Zahlen.

Schreibe nun Plusrechnungen mit den ungeraden Zahlen auf.

1 + 3 = ___ 5 + 7 = ___ 11 + 9 = ___ ___ + ___ = ___

___ + ___ = ___ ___ + ___ = ___ ___ + ___ = ___ ___ + ___ = ___

___ + ___ = ___ ___ + ___ = ___ ___ + ___ = ___ ___ + ___ = ___

Das Ergebnis ist immer eine gerade Zahl.

Schreibe nun Plusrechnungen mit den geraden Zahlen auf.

2 + 4 = ___ 6 + 8 = ___ 12 + 10 = ___ ___ + ___ = ___

___ + ___ = ___ ___ + ___ = ___ ___ + ___ = ___ ___ + ___ = ___

___ + ___ = ___ ___ + ___ = ___ ___ + ___ = ___ ___ + ___ = ___

Das Ergebnis ist immer eine ______________ Zahl.

1 2 3 4 5 6 7 8 9 10 11 12
13 14 15 16 17 18 19 20 21 22 23 24
25 26 27 28 29 30 31 32 33 34 35

Nun wollen Lea und Leo immer eine gerade und eine ungerade Zahl addieren.

Schreibe auch du Rechnungen in die Liste.

1 + 4 = ___ 3 + 8 = ___ 11 + 10 = ___ ___ + ___ = ___

___ + ___ = ___ ___ + ___ = ___ ___ + ___ = ___ ___ + ___ = ___

___ + ___ = ___ ___ + ___ = ___ ___ + ___ = ___ ___ + ___ = ___

Das Ergebnis ist immer eine ______________ Zahl.

Bemale Felder mit einer ungeraden Ergebniszahl rot und Felder mit einer geraden Ergebniszahl blau.

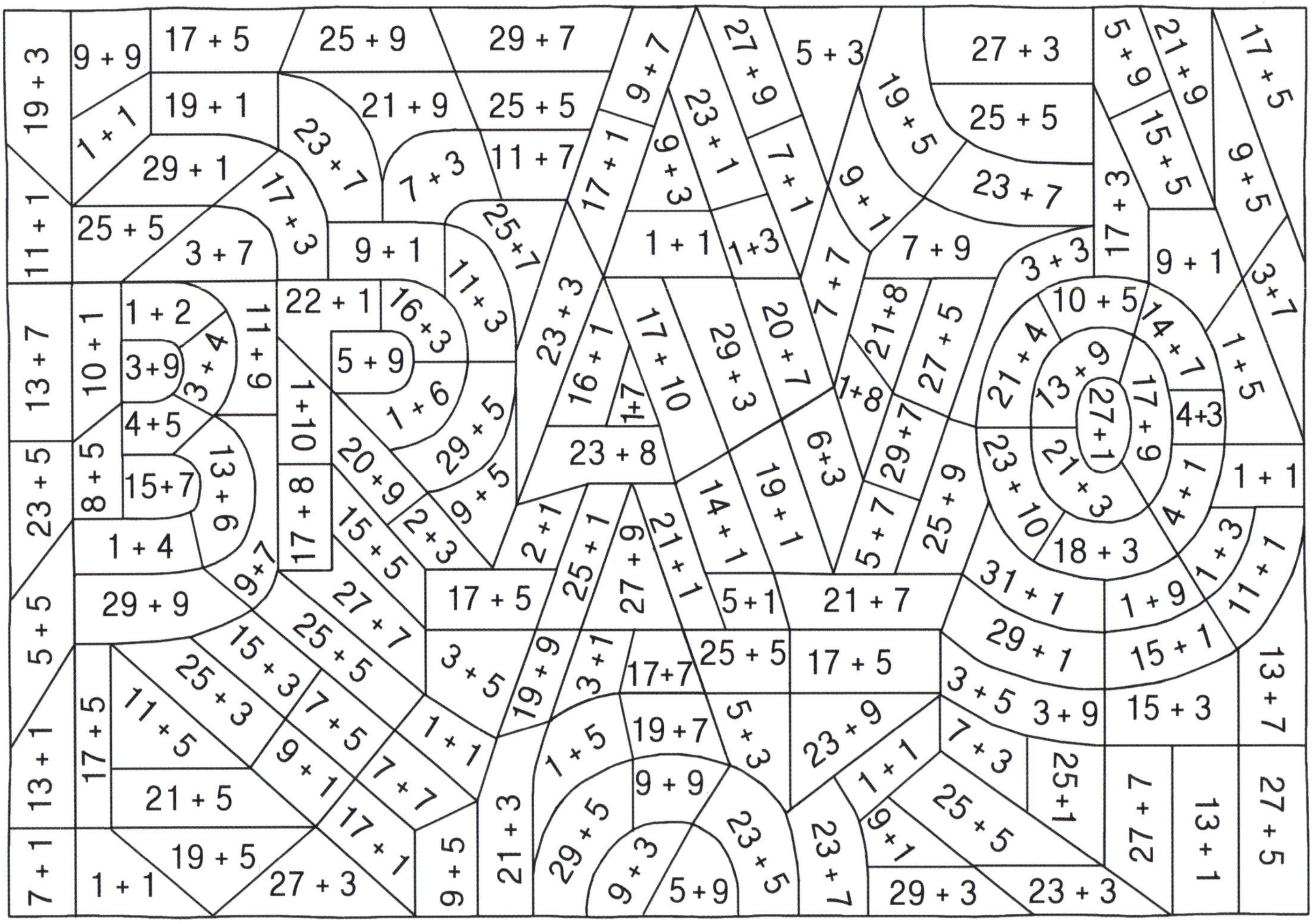

Musst du die Rechnungen ausrechnen, um zu wissen, ob das Ergebnis eine gerade oder eine ungerade Zahl ist?

- ☐ Ja, wenn ich das Ergebnis wissen möchte.
- ☐ Nein, weil ungerade Zahl + ungerade Zahl = gerade Zahl.
- ☐ Nein, weil ungerade Zahl + gerade Zahl = ungerade Zahl.
- ☐ Nein, weil gerade Zahl + gerade Zahl = gerade Zahl.
- ☐ Ja, weil ich gerne rechne!

Vervollständige.

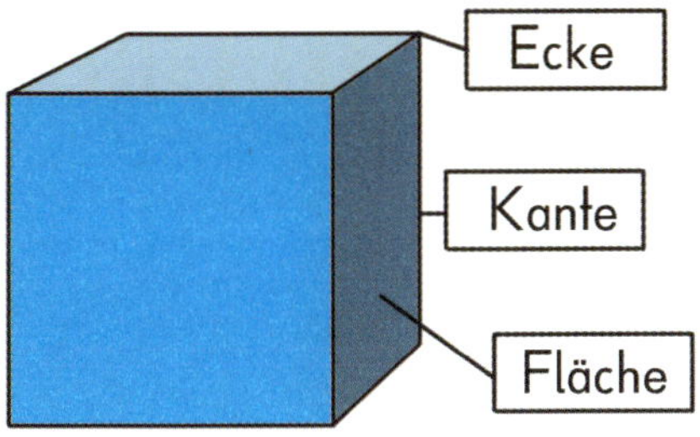

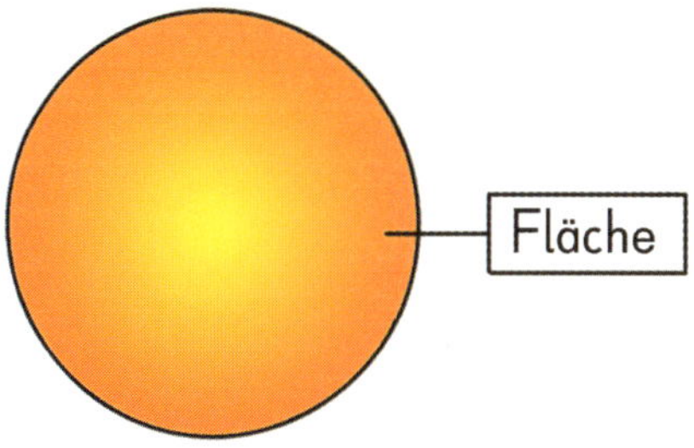

Dieser Körper heißt Würfel.
Er hat ______ Ecken.
Er hat ______ Kanten.
Er hat ______ Flächen.

Dieser Körper heißt Kugel.
Er hat ______ Ecken.
Er hat ______ Kanten.
Er hat ______ Flächen.

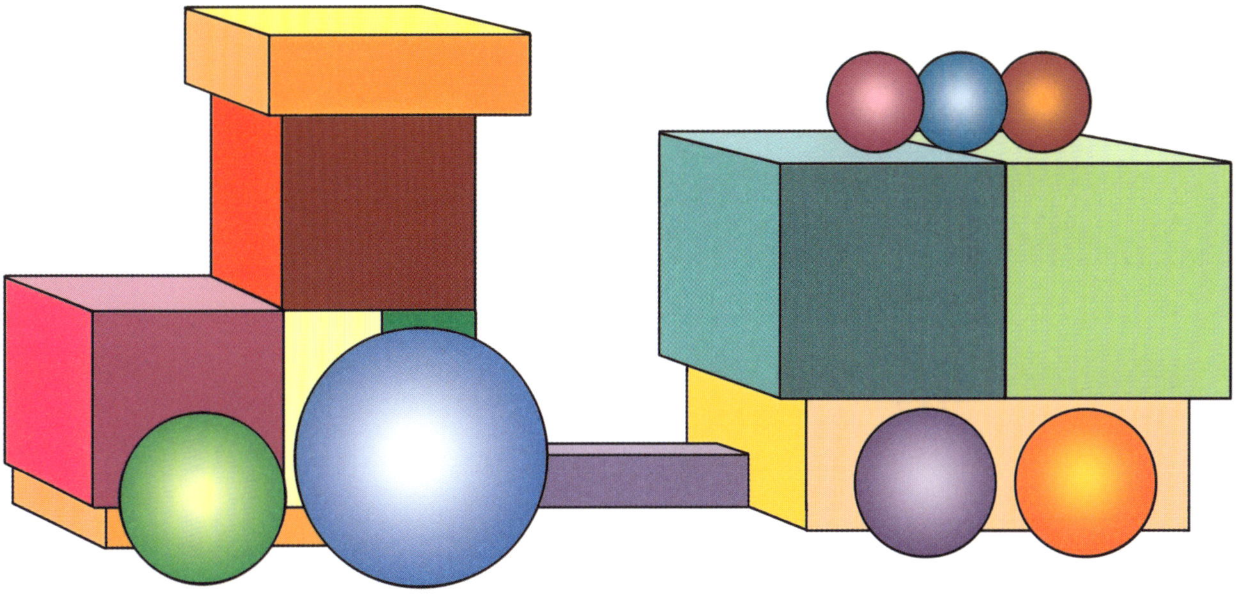

Wie viele Würfel und wie viele Kugeln hast du gefunden?

Ich habe ______________ Würfel gefunden.

Ich ____.

Wie viel kostet die Kleidung?

Jonas Mara Fredi

Jonas: ___ + ___ + ___ + ___ = ___

Mara: ___ + ___ + ___ = ___

Fredi: ___ + ___ + ___ + ___ = ___

Evi kauft Kleidung zum gleichen Preis:

___ + ___ + ___ + ___ – ___

Trage das Datum ein.

GESTERN	HEUTE	MORGEN
	Dienstag 4. April	
	Samstag 31. Mai	
		Montag 2. August
Mittwoch	Februar	16.
Samstag 30. Dezember		

Ordne die Kärtchen jeweils nach ihrem Wert. Beginne beim kleinsten.

Bedenke: 1. bedeutet das Erste. 1 bedeutet eins.

Kärtchen	Platz	Kärtchen	Platz
$2 \cdot 4$	1.	$3 \cdot 4$	
$2 \cdot 5$		$5 \cdot 4$	
$4 \cdot 4$		$3 \cdot 3$	

Kärtchen	Platz	Kärtchen	Platz
$1 \cdot 4$		$2 \cdot 5$	
$1 \cdot 6$		$2 \cdot 4$	
$2 \cdot 6$		$1 \cdot 9$	

Kärtchen	Platz	Kärtchen	Platz
$2 \cdot 2$		$2 \cdot 4$	
$2 \cdot 7$		$3 \cdot 4$	
$4 \cdot 4$		$3 \cdot 5$	

Kärtchen	Platz	Kärtchen	Platz
$5 \cdot 4$		$6 \cdot 3$	
$6 \cdot 2$		$2 \cdot 8$	
$9 \cdot 3$		$7 \cdot 7$	

Setze > oder < ein.

Beispiel:

 > 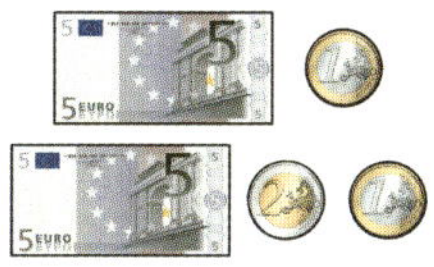 16 € > 14 €

Sprich: 16 € größer 14 €

 ☐  ______________

 ☐  ______________

 ☐  ______________

 ☐ 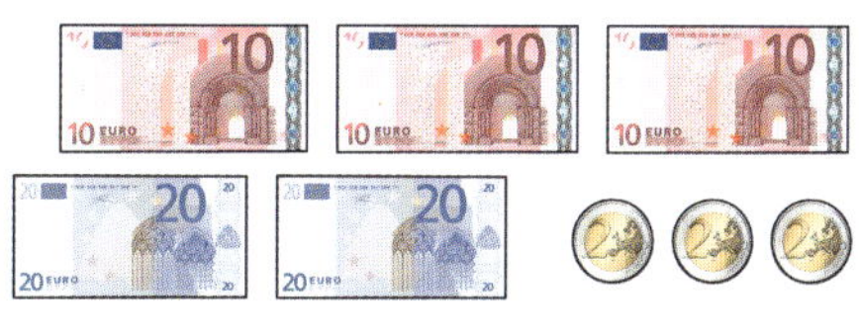 ______________

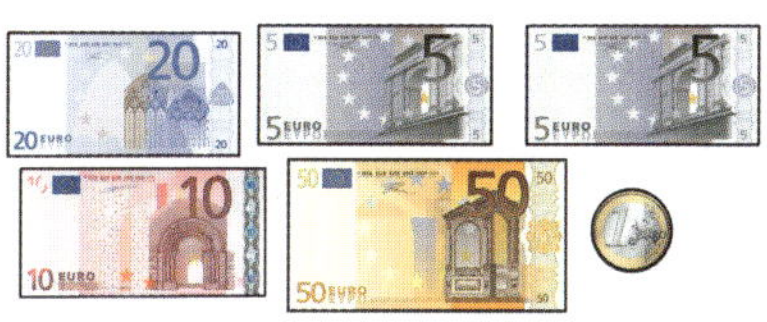 ☐ 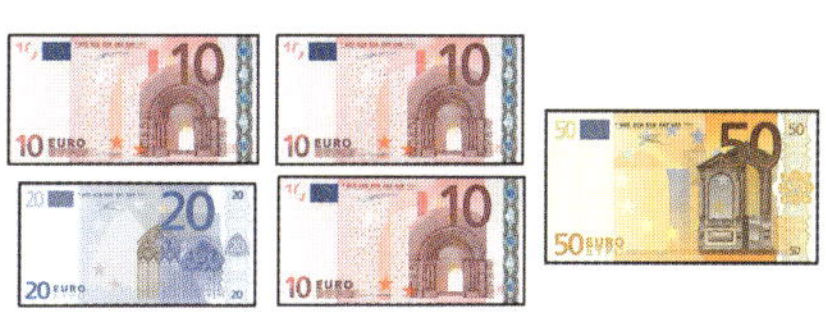 ______________

Schreibe die Zahlen der Mal-Reihe auf:

3									
6									
9									

Bemale im Bild die Felder
mit den Zahlen der 3er-Reihe gelb,
mit den Zahlen der 6er-Reihe blau und
mit den Zahlen der 9er-Reihe grün.

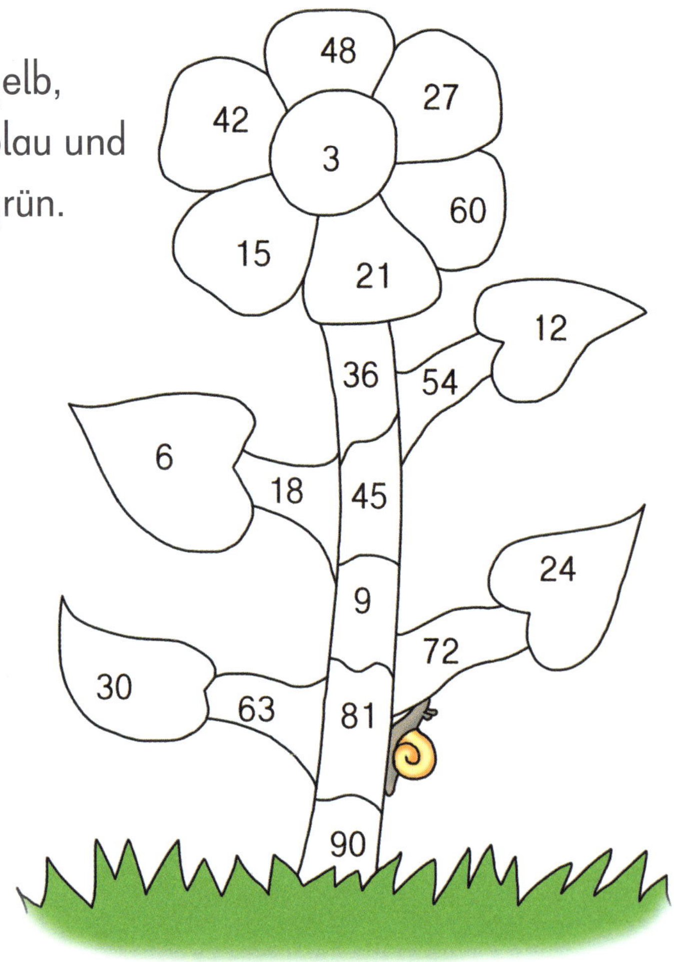

Musstest du manche Felder mit mehreren Farben bemalen?
Schreibe sie hier der Größe nach geordnet auf,
beginne mit der kleinsten Zahl.

Bemale die Rechnungen in den passenden Farben.

6 = (rot) 15 = (blau) 20 = (grün) 24 = (gelb) 30 = (rosa)

2 · 3	10 · 2	3 · 5	4 · 5	6 · 4
2 · 10	6 · 1	3 · 2	5 · 3	8 · 3
2 · 12	5 · 4	3 · 8	1 · 6	12 · 2
1 · 20	4 · 6	1 · 15	3 · 12	4 · 9
12 · 3	9 · 4	15 · 1	20 · 1	2 · 18

Beispiel:

Emmas Figurensalat enthält:

3 Kreise

4 Dreiecke

4 Vierecke

Es sind ___ Rechtecke.

Leons Figurensalat enthält:

Sarahs Figurensalat enthält:

Tims Figurensalat enthält:

Hannahs Figurensalat enthält:

Lukas Figurensalat enthält:

Verbinde die Ergebniszahlen.
Achte auf die Reihenfolge. Beginne mit der kleinsten Zahl.

$9 \cdot 8$

$9 \cdot 4$

$7 \cdot 3$

$7 \cdot 4$

$7 \cdot 2$

$9 \cdot 5$

$9 \cdot 3$

$8 \cdot 5$

$8 \cdot 2$

$7 \cdot 7$

$9 \cdot 6$

$9 \cdot 2$

$8 \cdot 3$

$7 \cdot 8$

$8 \cdot 6$

$9 \cdot 7$

$8 \cdot 4$

$9 \cdot 9$

$7 \cdot 5$

$7 \cdot 6$

Miss genau.

Lege dein Lineal genau mit 0 an.

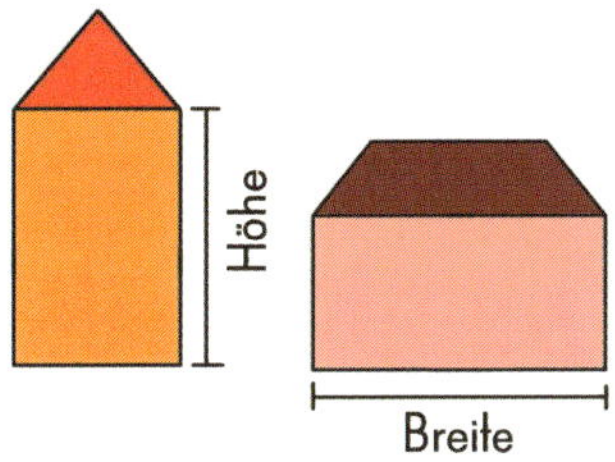

Der Turm ist ___ cm hoch

und ___ cm breit.

Die Scheune ist ___ cm hoch

und ___ cm breit.

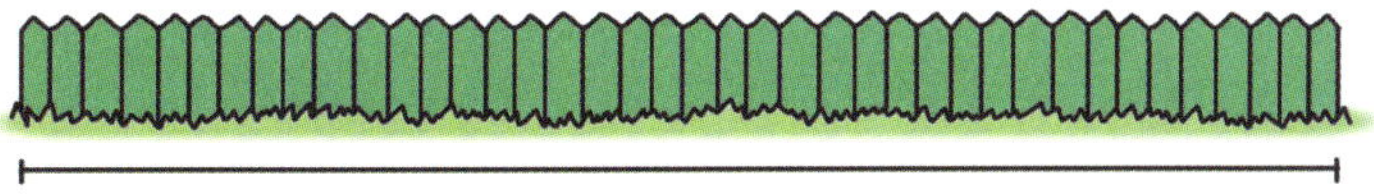

___ cm

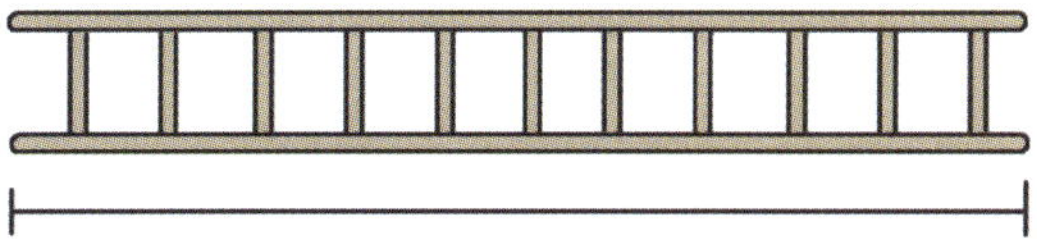

___ cm

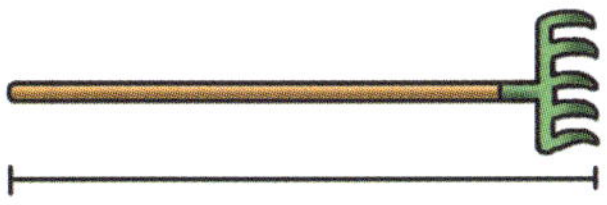

___ cm

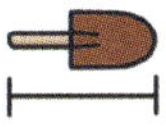

___ cm

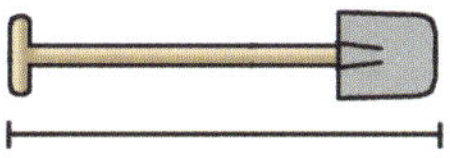

___ cm

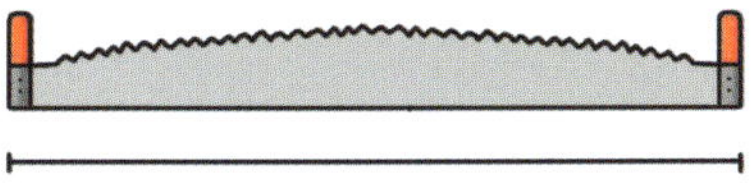

___ cm

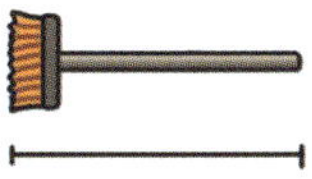

___ cm

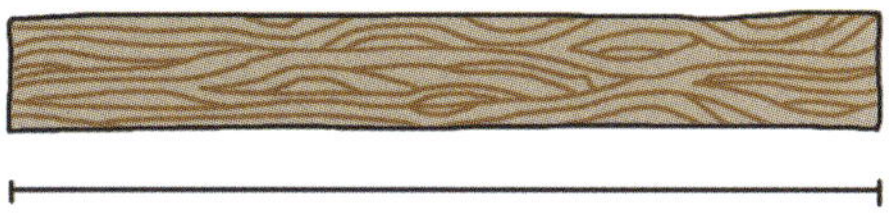

___ cm

Schreibe die passende Rechnung zum Bild.

$5 \cdot 5 = 25$

$3 \cdot 4 = 12$

$8 \cdot 8 = 64$

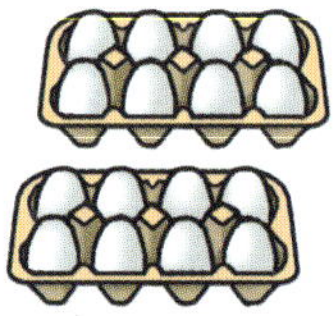

$4 \cdot 6 = 24$

$4 \cdot 4 = 16$

$6 \cdot 4 = 24$

$3 \cdot 3 = 9$

$2 \cdot 3 = 6$

Setze fort.

37	+	15	=	52
38	+	15	=	53
39	+	15	=	54
40	+	15	=	55
41	+	15	=	56
42	+	15	=	57
43	+	15	=	58
44	+	15	=	59
45	+	15	=	60
46	+	15	=	61
47	+	15	=	62

50	-	13	=	37
50	-	14	=	36
50	-	15	=	
	-	16	=	
	-		=	
	-		=	
	-		=	
	-		=	
	-		=	
	-		=	
50	-	23	=	27

61	+	23	=	84
62	+	22	=	84
63	+	21	=	
	+	20	=	
	+		=	
	+		=	
	+		=	
	+		=	
	+		=	
	+		=	
71	+	13	=	84

79	-	38	=	41
78	-	37	=	41
77	-	36	=	
	-	35	=	
	-		=	
	-		=	
	-		=	
	-		=	
	-		=	
	-		=	
69	-	28	=	41

Sachrechnungen

Rechne und schreibe wie in diesem Beispiel.

Angabe: Bauer Roland hat 9 Rinder.
Bis auf 2 sind alle weiblich.
Frage: Wie viele Kühe hat er?
Rechnung: 9 – 2 = 7 oder 2 + 7 = 9
Antwort: *Er hat 7 Kühe*

A: Bäuerin Anna hat 13 von ihren 44 Obstbäumen abgeerntet.
F: Wie viele muss sie noch ernten?
R:
A: ______________________

____

A: In einem Korb sind 40 Kürbisse. Die Hälfte davon wird verkauft.
Vom Rest sind leider 4 verdorben.
F: Wie viele gute Kürbisse bleiben übrig?

R:
A: ______________________

____

Zeichne:

A: Herr Küberl kauft im Bauernladen einen Laib Brot um 3,30 €, zwei Gläser Marmelade um je 4,80 €, Käse um 5,90 € und Kürbiskerne um 2,70 €. Das Weckerl um 1,50 € und das Kürbiskernöl um 6,99 € nimmt er nicht.

F: Wie viel muss Herr Küberl bezahlen?

R:

A: ______________________________

____

A: Heute muss Bäuerin Heidi 10 Bretter mit Käselaiben belegen. Auf jedem Brett sollen 6 Käselaibe liegen. Bäuerin Heidi möchte vor 6 Uhr mit ihrer Arbeit fertig sein.

F: Wie viele Käselaibe muss Bäuerin Heidi auflegen?

R:

A: ______________________________

____

Zeichne:

A: Auf der Weide von Bauer Leopold grasen 100 Schafe. Auf der Weide von Bauer Felix grasen um 4 Schafe weniger als auf der Weide von Bauer Leopold.

F: Wie viele Schafe hat Bauer Leopold?

R:

A: ______________________________

____

Finde die Umkehraufgaben.

12 : 3 = 4
12 : 4 = 3
3 · 4 = 12
4 · 3 = 12

6 · 5 = 30
30 : 5 = ____
____
____

9 · 6 = ____
54 : ____ = ____
____
____

7 · 8 = ____
____
____
____

8 · 9 =
72 : ____ = ____
____
____

4 · 7 = ____
____
____
____

Wer ist älter?

Lea geboren am 15. Mai 2004 oder Leo geboren am 16. Juni 2004

Lea ist älter als Leo

Tante Lotte geboren am 27. April 1982 oder Onkel Peter geboren am 27. April 1981

Tante Lotte ist jünger als Onkel Peter

Bauer Felix geboren am 23. September 1974 oder Bauer Leopold geboren am 21. September 1975

Bauer Felix ist älter als Bauer Leopold

Wer ist am ältesten?

Bauer Felix

Rechenmarathon!

ZIEL
8 · 8 =
30 - 24 =
98 + 2 =
9 · 7 =
94 + 5 =
95 - 25 =
8 · 7 =
20 + 74 =
6 · 5 =
99 - 8 =
35 : 5 =
56 : 7 =
25 : 5 =
9 · 8 =
27 - 15 =
24 : 4 =
9 · 3 =
36 : 9 =
56 + 43 =
100 - 9 =

Das ist Familie Ordnungslieb!

Papa	Mama	Beate	Valentin
38 Jahre alt	35 Jahre alt	13 Jahre alt	11 Jahre alt
1 m 78 cm groß	1 m 79 cm groß	1 m 55 cm groß	1 m 56 cm groß
69 kg schwer	64 kg schwer	45 kg schwer	47 kg schwer

Ordne nun richtig.

Nach dem Alter, beginne mit dem Jüngsten:

____

Nach der Größe, beginne mit dem Größten:

____

Nach dem Gewicht, beginne mit dem Schwersten:

____

Rechne immer weiter bis zum Ziel.

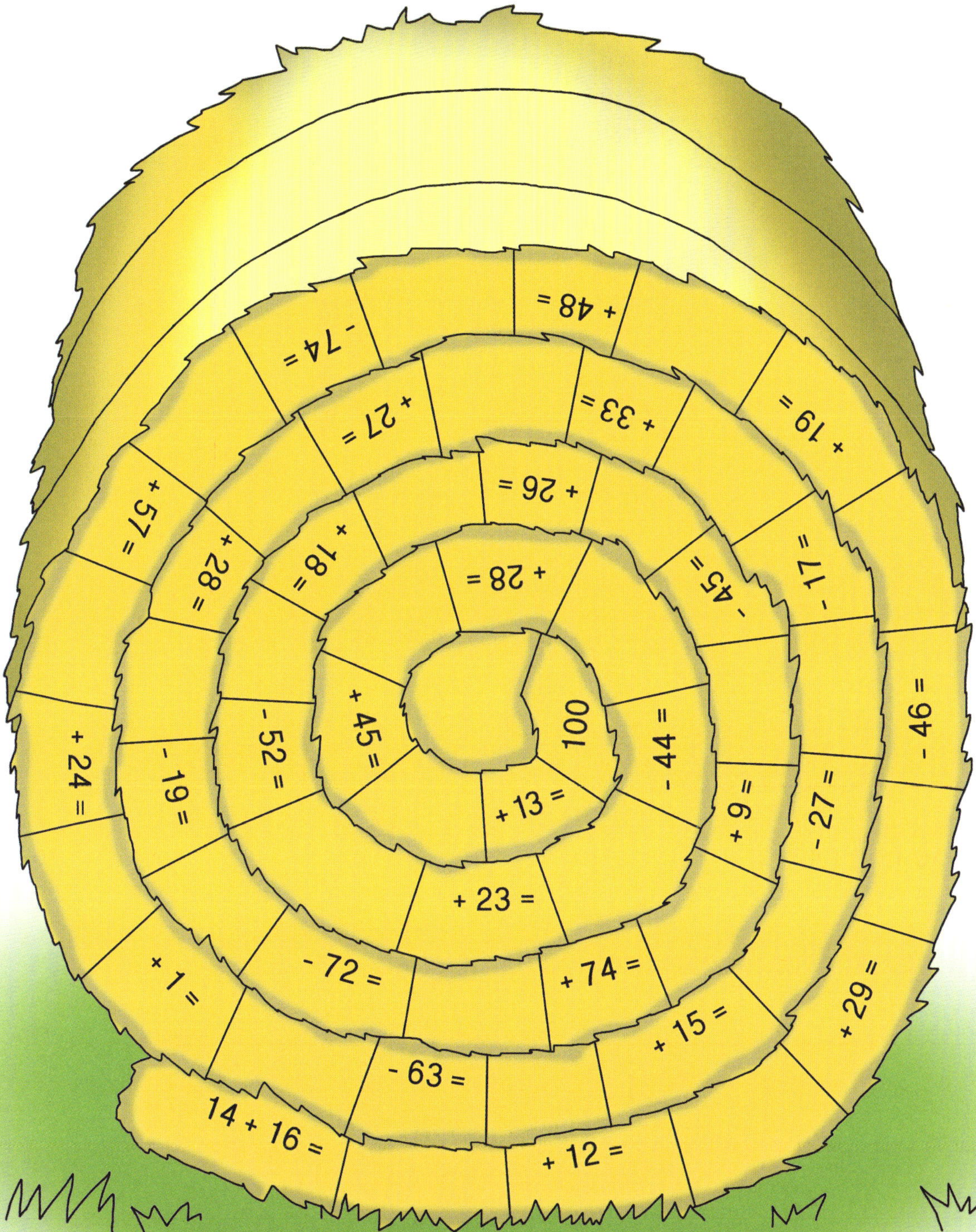

Rechnen mit Rest

Immer 5!

Rechnung: 5 in 16 = 3 mal 1 Rest

Immer 3!

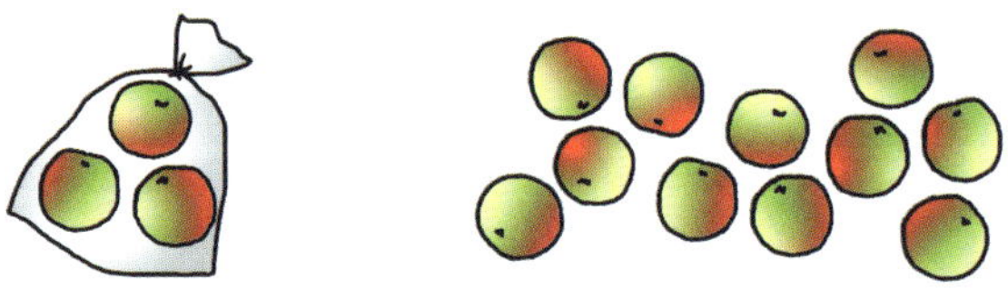

R: 3 in 14 = 4 mal ___ Rest

Immer 4!

R: 4 in 9 = ___ mal ___ Rest

Immer 2!

R: 2 in 5 = ___ mal ___ Rest

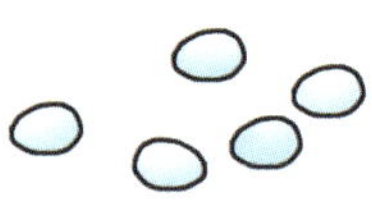

2 in 7 = ___ mal ___ R	4 in 17 = ___ mal ___ R	5 in 26 = ___ mal ___ R
5 in 22 = ___ mal ___ R	3 in 11 = ___ mal ___ R	6 in 14 = ___ mal ___ R
8 in 12 = ___ mal ___ R	7 in 16 = ___ mal ___ R	9 in 10 = ___ mal ___ R

9er-Reihen Trick! Deine Finger kennen die 9er-Reihe:

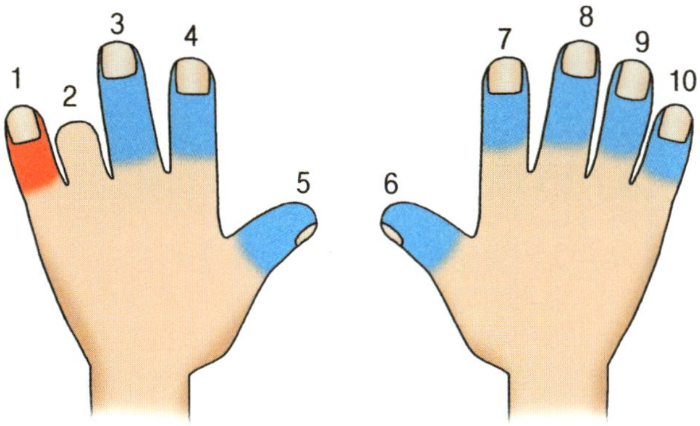

1 Zehner + 8 Einer = 18

2 · 9 = 18

Und so funktioniert es:
Bei der Rechnung 2 mal 9 wird der Finger unter der Zahl 2 abgebogen. Die Finger rechts davon sind die Einer und die Finger links davon die Zehner.

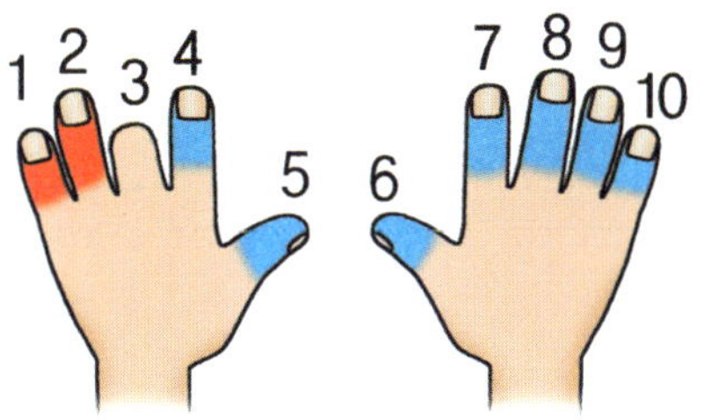

___ Z + ___ E = 27

3 · 9 = ___

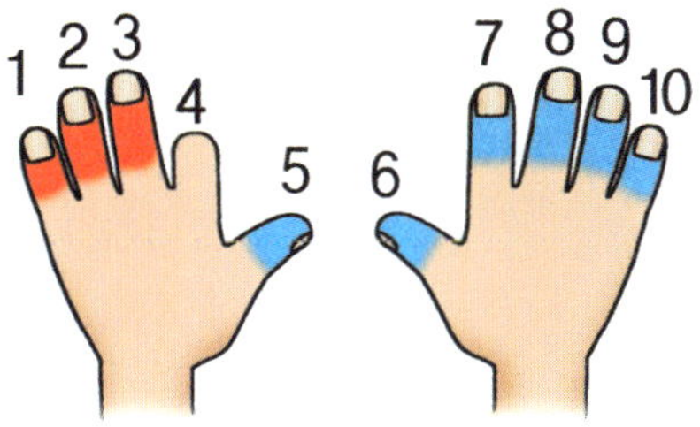

___ Z + ___ E = ___

___ · 9 = ___

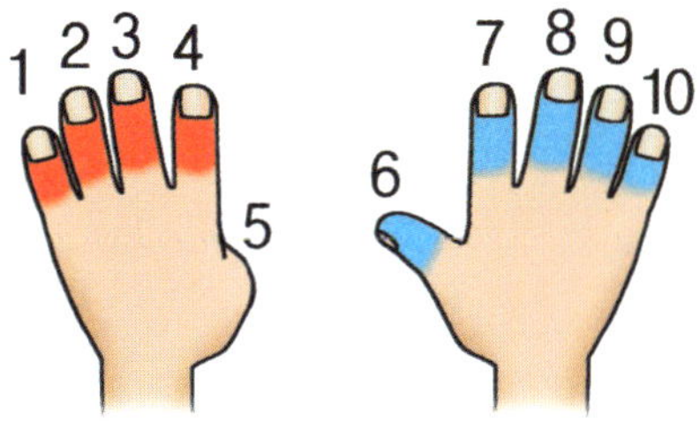

___ Z + ___ E = ___

___ · 9 = ___

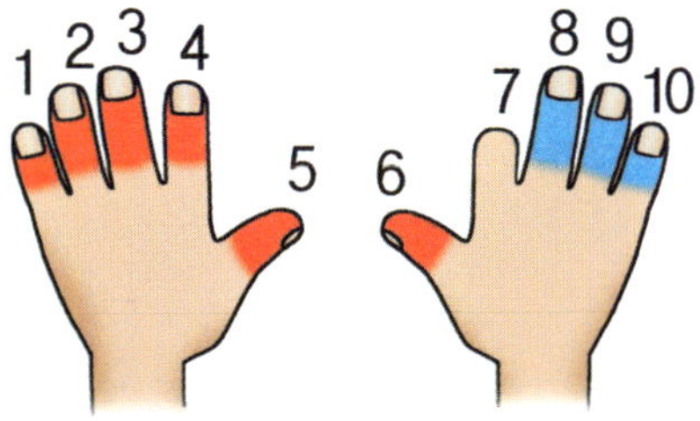

___ Z + ___ E = ___

___ · 9 = ___

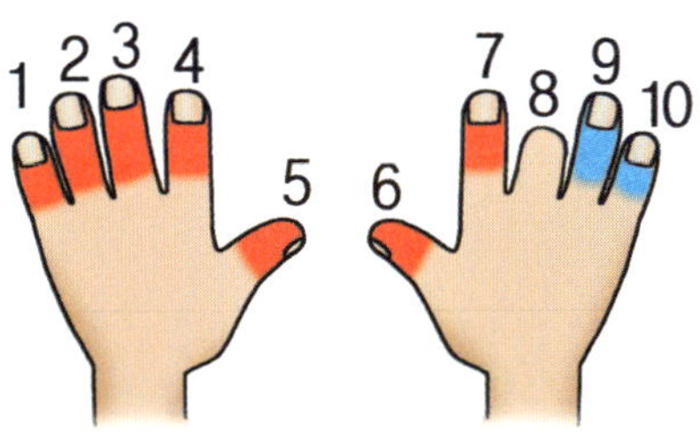

___ Z + ___ E = ___

___ · 9 = ___

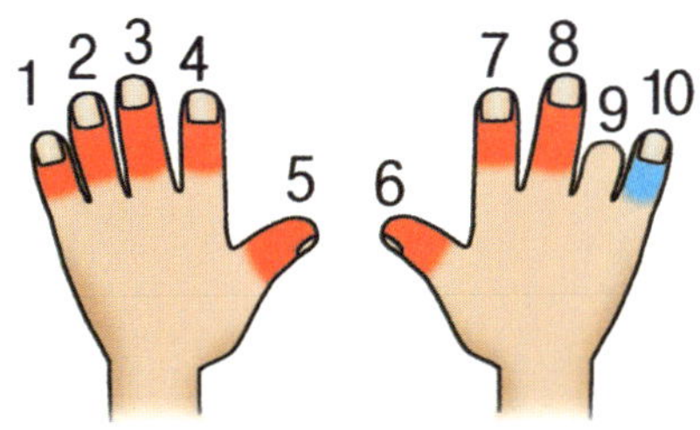

___ Z + ___ E = ___

___ · 9 = ___

Lösungen Rechtschreiben

Seite 2

Alle kennen Bauernhoftiere.

A		L		L			K	A	L	B
	S	C	H	A	F	B	O	C	K	E
	T		Ü	K	O	E	N	N		E
W	I	K	N		H	E	N	G	S	T
E	E	U	D		L		K	I	T	Z
L	R	H	I	N	E		S	A	U	B
P	A	U	N	E	N	B	R	N	T	H
E	O		F	E	R	K	E	L	E	F
	L	A	M	M	T	I	E	R	R	E

Seite 3

Seite 4

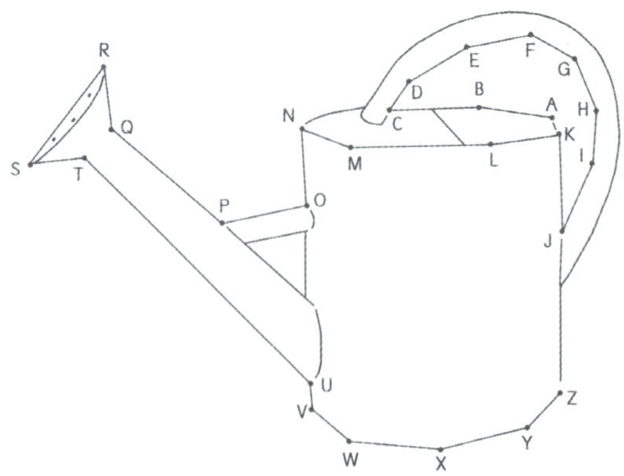

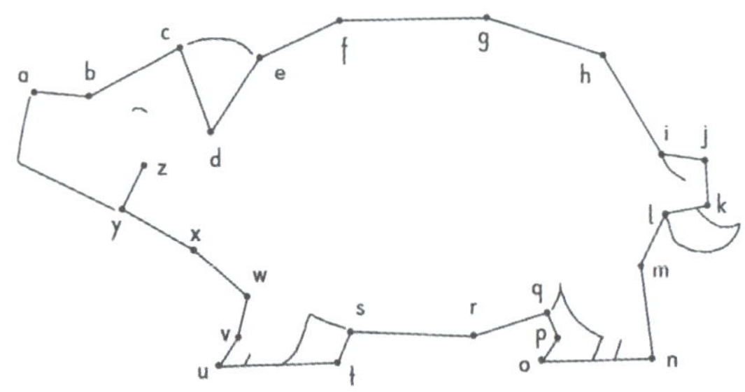

Seite 5

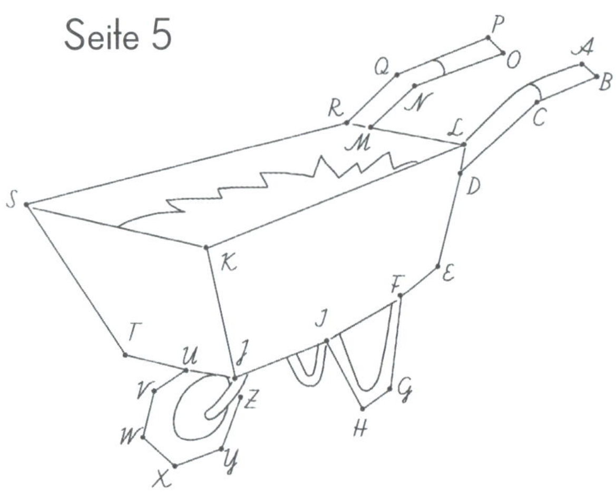

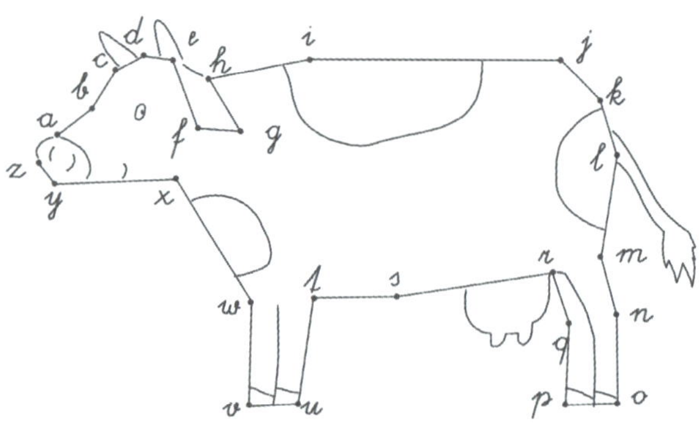

Seite 6

Bauer – Mauer, Schuh – Kuh, Bein – Stein – Schwein, Spatzen – Katzen, Fliege – Wiege – Stiege – Ziege

Seite 7

Bauernhaus, Strohballen, Scheunentor, Heugabel, Traktoranhänger, Misthaufen, Kuhstall, Rübenfeld

Seite 8

Seite 10

Birne, Weintraube, Zitrone, Zwetschke, Apfel, Ananas, Pfirsich, Brombeere, Marille, Banane, Kirsche, Melone

Seite 11

Zitronen, Himbeeren, Ribisel, Weintrauben, Marillen, Birne, Melonen, Pfirsich

P	M	A	R	I	L	L	E	B	N	U	S	S
F	E	P	I	B	U	Z	I	T	R	O	N	E
I	L	F	B	I	A	I	N	K	I	R	SCH	E
R	O	E	I	R	N	N	E	U	B	A	U	M
S	N	L	S	N	A	O	A	K	M	N	U	N
I	E	D	E	E	N	E	U	N	K	G	N	D
C	H	O	L	H	A	L	G	C	I	E	R	E
H	K	I	W	I	S	B	A	H	G	O	E	R

Seite 12

Lea will einen Apfel essen.
Tim will einen Apfel und eine Birne essen.
Lara will einen Apfel, eine Birne und eine Banane essen.
Kim will einen Apfel, eine Birne, eine Banane und eine Zwetschke essen.
Lina will einen Apfel, eine Birne, eine Banane,eine Zwetschke und ein paar Kirschen essen.
Oma will auch einen Apfel, eine Birne, eine Banane, eine Zwetschke und ein paar Kirschen essen. Mmh!

Seite 13

Apfelstrudel, Bananenbrot, Birnentorte, Zwetschkenkuchen, Pfirsicheis, Zitronentee, Marillenknödel, Obstsalat

in dieser Reihenfolge: 4 - 8 - 2 - 5 - 3 - 1 - 6 - 7

Seite 14

Tiere: Nilpferd – Dackel – Lama – Affe – Elefant – Tiger – Reh – Hirsch – Schnecke - Elch – Chamäleon

Namen: Anton – Niklas – Simone – Emma – Alexander – Raffael – Lorenz – Zacharias – Susanne – Emi – Lena – Adele

Seite 15

Sturm – Wurm – Turm Liege – Wiege – Stiege
Zopf – Kopf – Topf Wand – Band – Hand

Es ging ein Sturm, da fiel der Wurm von einem Turm.
Peter trägt zuerst die Liege, dann die Wiege über die Stiege.
Susi mit dem Zopf auf dem Kopf rührt in einem Topf.
An der Wand hängt das Band für die Hand.

Seite 16

Der zweite Gummistiefel steht auf dem Boden, zwischen Fenster und Türe.

Seite 18

Leiter, klein, Bauer, Haus, Baum, Scheune, Heu, kaufen, Maus, neu, Ameise, laufen

Eine Ameise kabbelt über die neue Decke.
Unter dem Baum steht eine Leiter.
Eine kleine Maus huscht aus dem Haus.
Der Bauer bringt das Heu in die Scheune.
Die Kinder laufen auf den Markt und kaufen frische Eier.

Seite 19
Melone – Hut und Frucht
Brille – Sehhilfe und Kloaufsatz
Bank – Sitzmöbel und Geldinstitut
Pflaster – Wundverband und Straßenbelag
Hahn – Wasserspender und Vogel

Seite 20

der Ärmel, der Käfer, der Käse, der König, der Löwe, der Gürtel, der Flügel
die Säge, die Flöte, die Kröte, die Blüte, die Bürste
das Mädchen, das Müsli, das Öl

Seite 21

Palatschinken, Eisbecher, Schwimmbad, Badehose, Liegestuhl, Segelboot, Sonnenblume, Gurkensalat, Sandalen, Obstgarten, Ferientag, Blumenbeet

Seite 22

See, Klee, Ideen, Meer, Speer

Seite 24

Blumenbeet: Astern, Lavendel, Nelken, Tulpen, Lilien
Gemüsebeet: Paprika, Tomaten, Salat, Radieschen, Gurken

Seite 26

Anton hat zwei rote Murmeln und drei blaue Murmeln. Eine grüne Murmel hat er auch.
Levin hat vier rote und zwei blaue Murmeln.
Jana hat zwei rote Murmeln und drei blaue Murmeln.

Svenja hat vier grüne Murmeln.
Vanessa hat drei rote Murmeln. Fünf blaue und zwei grüne Murmeln hat sie auch.
Damian hat fünf blaue Murmeln und vier rote Murmeln.

Seite 27

12 Farben

M	I	O	A	G	B	W	S	I	L	B	E	R
E	L	Z	O	E	R	O	T	T	S	O	R	M
A	U	L	B	L	A	U	Ü	O	W	E	I	T
R	D	A	O	B	U	T	R	T	E	I	G	E
A	U	G	R	Ü	N	A	K	O	C	K	E	R
O	R	A	N	G	E	V	I	O	L	E	T	T
G	Z	R	A	W	H	C	S	L	I	L	A	T

Seite 29

in dieser Reihenfolge: 5 - 4 -1 - 2 - 6 - 3
orange, violett, türkis, schwarz, pink, silber, lila, blau

Seite 30

Tom schiebt die Scheibtruhe mit seiner kleinen Schwester Franziska.
Peter und Sissi treiben die Schafe auf die Weide.
Paul streut Körner aus dem Korb auf den Boden.
Der Hahn und die Hennen picken die Körner auf.
Fritz füttert die Ziegen.

Seite 31

Apfelbaum, Misthaufen, Kuhstall, Milchkanne, Gemüsebeet, Heugabel, Sommerferien, Gummistiefel, Tomatensuppe, Obstgarten, Butterbrot

Seite 33

der Regen – die Wolke – die Regenwolke
der Regen – der Bogen – der Regenbogen
der Regen – der Hut – der Regenhut
der Regen – die Stiefel – die Regenstiefel
der Regen – die Jacke – die Regenjacke

der Regen – der Tropfen – der Regentropfen
der Regen – der Schirm – der Regenschirm
der Regen – der Mantel – der Regenmantel
der Regen – die Hose –die Regenhose
Das zusammengesetzte Wort bekommt den Begleiter vom letzten Wort.

Seite 34

Montag, Dienstag, Mittwoch, Donnerstag, Freitag, Samstag, Sonntag

Seite 35

Sonntag, Freitag, Donnerstag, Dienstag, Mittwoch, Samstag, Montag

O	N	S	M	I	T	T	W	O	C	H
S	D	I	E	N	S	T	A	G	C	T
S	O	N	N	T	A	G	T	O	G	A
A	N	N	M	I	T	T	W	O	C	H
M	N	T	T	G	A	T	I	E	R	F
S	E	A	G	A	T	I	E	R	F	R
T	R	G	A	I	G	A	T	A	G	E
A	S	A	M	S	T	A	G	E	A	I
G	T	M	O	N	T	A	G	T	T	T
S	A	M	S	T	A	G	E	G	A	A
A	G	T	D	I	E	N	S	T	A	G

Mo 1 Di 2 Mi 2 Do 1 Fr 3 Sa 2 So 1

Seite 36

Donnerstag, Freitag, Donnerstag, Freitag, Samstag

Übermorgen, Vorgestern, Geburtstag, Feiertag, Sonntag, Donnerstag, Mittwoch, Dienstag

Seite 37

Im Jänner und im Februar werden Arbeiten im Haus und im Stall erledigt.
Im März beginnt die Arbeit auf dem Feld.
Im April fängt die Aussaat von Getreide an.

Im Mai werden die Wiesen erstmals gemäht.
Im Juni werden die Rinder und die Schafe auf die Almen getrieben.
Im Juli und im August werden Gemüse und Getreide geerntet.
Im September sind Äpfel, Birnen und Trauben reif.
Im Oktober ist Almabtrieb. Die Tiere kommen wieder in den Stall.
Im November und im Dezember wird im Wald gearbeitet.

Seite 38

S	O	M	O	N	T	A	G	S	E
A	L	A	K	A	P	R	I	L	A
D	M	I	T	T	W	O	C	H	O
X	F	E	B	R	U	A	R	G	B
B	Z	S	O	N	N	T	A	G	R
S	D	I	E	N	S	T	A	G	C
E	N	J	O	L	S	S	T	D	A
P	M	B	U	M	R	S	J	E	O
T	E	J	A	N	U	A	R	Z	K
E	R	S	X	G	I	S	Y	E	T
M	S	W	U	M	Ä	R	Z	M	O
B	K	A	G	U	V	T	R	B	B
E	A	O	S	T	E	R	N	E	E
R	H	J	K	L	M	N	B	R	R
Ä	N	O	V	E	M	B	E	R	F

Tage: Montag, Dienstag, Mittwoch, Samstag, Sonntag
Monate: Januar, Februar, März, April, Mai, Juni, August, September, Oktober, November, Dezember
Juli fehlt.
Ostern ist das Kalenderwort.

Seite 39

Hannelore Wohlgemut hat einen neuen Sonnenhut.
Peter Alois Neugewirm hat einen neuen Lampenschirm.
Alexandra Wiedehopf hat einen neuen Blumentopf.
Leopoldine Morgenrot hat ein neues Segelboot.
Erich Josef Eberstock hat einen neuen Wanderstock.

Seite 40

Stier – Kuh – Kalb
Bock – Mutterschaf – Lamm
Eber – Sau – Ferkel

Hengst – Stute – Fohlen
Rüde – Hündin – Welpe
Bock – Geiß – Kitz

Seite 41

Im August machten wir Urlaub auf dem Bauernhof.
Wir fuhren mit der Bahn bis Schladming.
Dort holte uns der Bauer mit dem Traktor ab.
Er lud unsere Koffer auf und brachte sie zu seinem Hof.
Meine Eltern, meine Geschwister und ich gingen den Weg zu Fuß.
Es war ein toller Urlaub!

Lösungen Rechnen

Seite 42

26 - 15 - 3 - 25 - 35

Seite 43

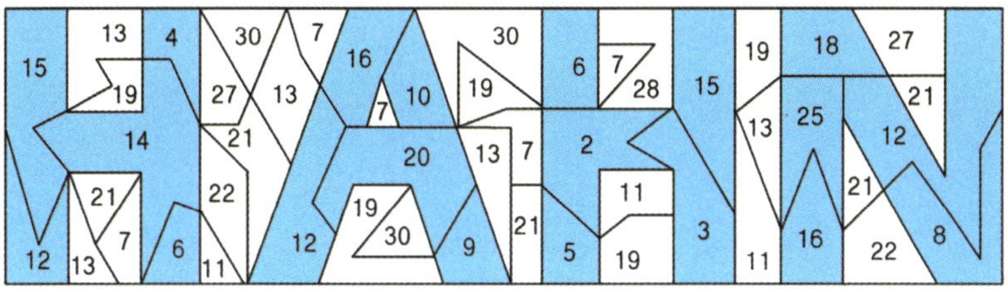

Seite 44

1	2	3	4	5	6	7	8	9	10
11	12	13	14	15	16	17	18	19	20
21	22	23	24	25	26	27	28	29	30
31	32	33	34	35	36	37	38	39	40
41	42	43	44	45	46	47	48	49	50
51	52	53	54	55	56	57	58	59	60
61	62	63	64	65	66	67	68	69	70
71	72	73	74	75	76	77	78	79	80
81	82	83	84	85	86	87	88	89	90
91	92	93	94	95	96	97	98	99	100

Seite 46

10, 10, 10, 10, 10, 10
11, 12, 13, 14,
11, 12, 13, 14, 15,
11, 12, 13, 14, 15, 16
11, 12, 13, 14, 15, 16, 17
11, 12, 13, 14, 15, 16, 17, 18

Seite 47

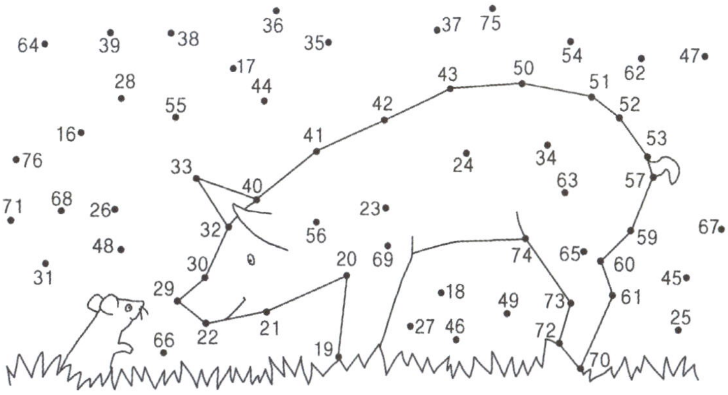

Seite 48

$5 = 1 + 2 + 2$	$2 + 3 = 6 - 1$	$8 = 3 + 4 + 1$
$12 - 7 = 3 + 2$	$9 + 7 = 20 - 4$	$3 \cdot 6 + 2 = 20$
$15 : 3 = 0 + 5$	$8 + 9 = 20 - 3$	$10 + 10 = 4 \cdot 5$
$3 \cdot 8 = 4 + 20$	$96 - 15 = 9 \cdot 9$	$45 - 25 = 100 : 5$
$64 : 8 = 10 - 2$	$75 - 16 = 50 + 9$	$72 - 8 = 8 \cdot 8$

Seite 49

1. gelb, grün, blau, schwarz, rot
2. blau, schwarz, gelb, grün, rot
3. grün, rot, gelb, blau, schwarz
4. rot, blau, gelb, schwarz, grün
5. schwarz, gelb, rot, blau, grün
6. rot, schwarz, gelb, grün, blau

Seite 50

je 3 €: Jo-Jo, Schlecker – Zuckerl -Stift, Block – Murmel
Der Verkäufer verdient pro Tüte 1 €.

Seite 51

Der Korb wiegt 3 kg und 20 dag.
Der Korb wiegt 4 kg und 25 dag.
Der Korb wiegt 1 kg und 60 dag.

Seite 52

$12 = 2 \cdot 6$	$12 = 6 \cdot 2$	$12 = 3 \cdot 4$	$12 = 4 \cdot 3$	$12 = 1 \cdot 12$	$12 = 12 \cdot 1$
$20 = 5 \cdot 4$	$20 = 4 \cdot 5$	$20 = 2 \cdot 10$	$20 = 10 \cdot 2$	$20 = 1 \cdot 20$	$20 = 20 \cdot 1$

Seite 53

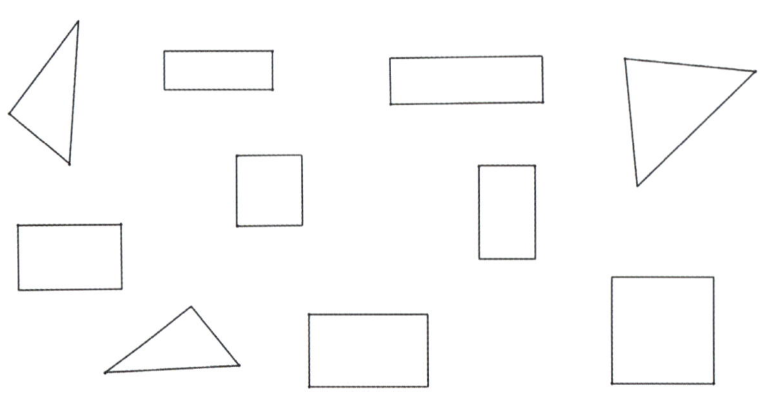

Seite 54

1 · 16 = 16 2 · 8 = 16 4 · 4 = 16 8 · 2 = 16 16 · 1 = 16
2 · 12 = 24 3 · 8 = 24 4 · 6 = 24 8 · 3 = 24 12 · 2 = 24

Seite 55

10 – immer + 2 11 – immer + 2 18 – immer + 4 15 – immer + 3 80 – immer – 5
32 – immer · 2 81 – immer · 3 44 – immer + 10 76 – immer + 5 14 – immer – 7

Seite 57

Das Ergebnis ist immer eine gerade Zahl.
Das Ergebnis ist immer eine ungerade Zahl.

Seite 58

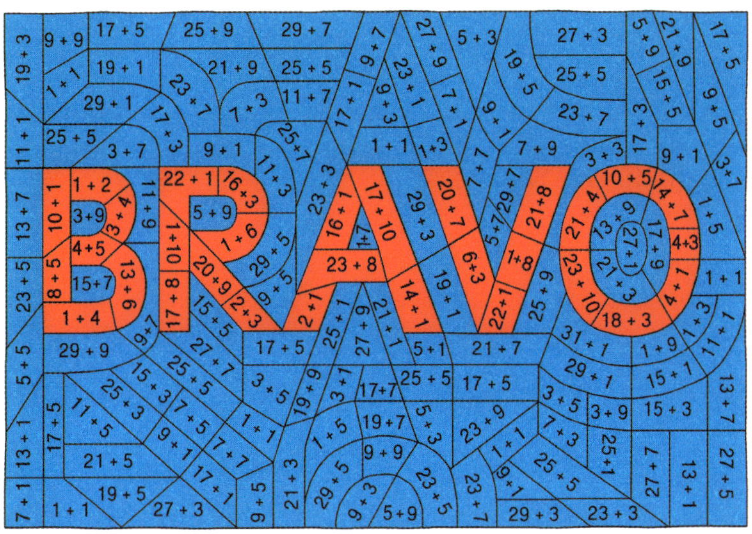

Seite 59

Würfel: 8 Ecken, 12 Kanten, 6 Flächen
Kugel: 0 Ecken, 0 Kanten, 1 Fläche
4 Würfel, 7 Kugeln (möglicherweise sind dahinter noch 4 Kugeln als Räder versteckt)

Seite 60

Die Kleidung kostet jeweils 69 €.

Seite 61

Montag 3. April – Dienstag 4. April – Mittwoch 5. April
Freitag 30. Mai – Samstag 31. Mai – Sonntag 1. Juni
Samstag 31. Juli – Sonntag 1. August – Montag 2. August
Mittwoch 14. Februar – Donnerstag 15. Februar – Freitag 16. Februar
Samstag 30. Dezember – Sonntag 31. Dezember – Montag 1. Jänner

Seite 62

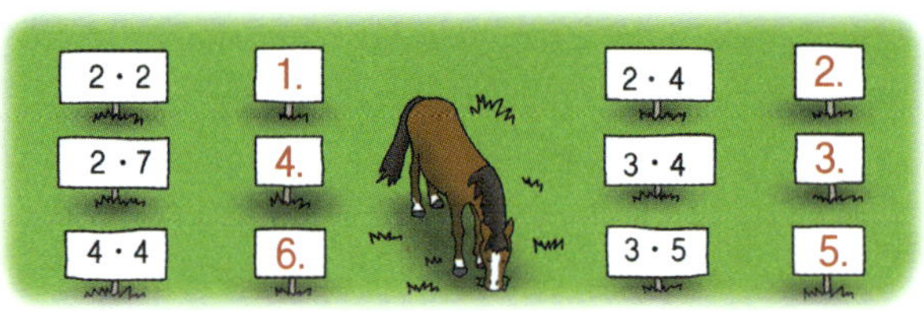

Seite 63

38 € < 40 €
50 € > 49 €
9 € < 10 €
77 € > 76 €
91 € < 100 €

Seite 64

3 6 9 12 15 18 21 24 27 30
6 12 18 24 30 36 42 48 54 60
9 18 27 36 45 54 63 72 81 90

6, 9, 12, 18, 24, 27, 30, 36, 54

Seite 64

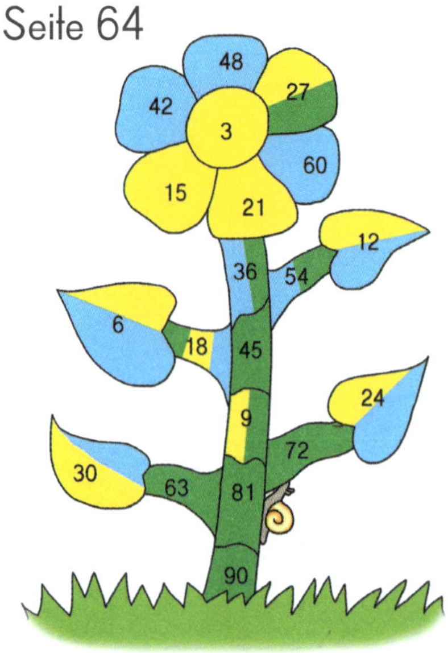

Seite 66–67

Leon: 2 Kreise, 5 Dreiecke, 3 Vierecke (2 Quadrate, 1 Rechteck)
Sarah: 4 Kreise, 4 Dreiecke, 3 Vierecke (Es sind Quadrate.)
Tim: 3 Kreise, 3 Dreiecke, 5 Vierecke (Es sind Rechtecke.)
Hannah: 3 Kreise, 3 Dreiecke, 5 Vierecke (Es sind Rechtecke.)
Lukas: 4 Kreise, 4 Dreiecke, 3 Vierecke (Es sind Quadrate.)

Seite 68

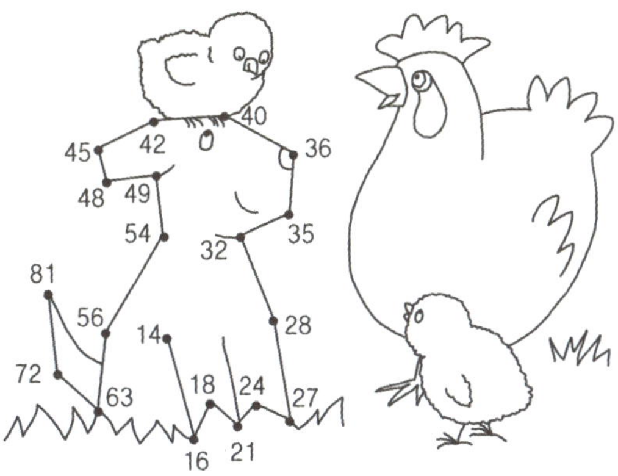

Seite 69

Der Turm ist 7 cm hoch und 2 cm breit.
Die Scheune ist 5 cm hoch und 6 cm breit.

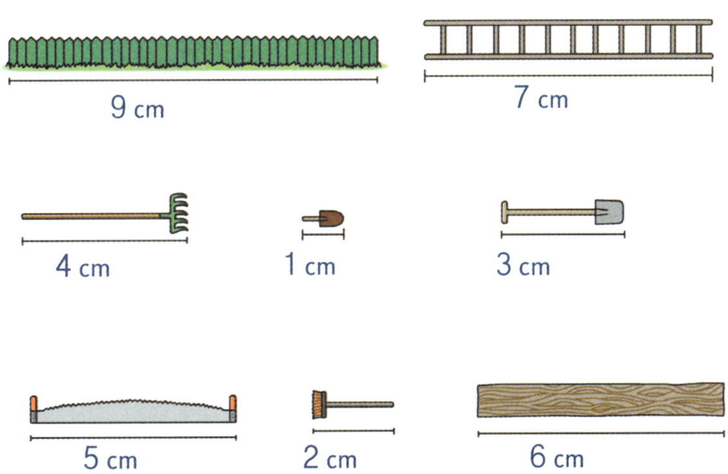

Seite 70

Blumen: $5 \cdot 5 = 25$ Vögel: $3 \cdot 4 = 12$ Eier: $2 \cdot 8 = 16$ Äpfel: $4 \cdot 6 = 24$
Ferkel: $2 \cdot 4 = 8$ Birnen: $6 \cdot 4 = 24$ Säcke: $3 \cdot 3 = 9$ Milchkannen: $2 \cdot 3 = 6$

Seite 71

37 + 15 = 52	50 - 13 = 37	61 + 23 = 84	79 - 38 = 41
38 + 15 = 53	50 - 14 = 36	62 + 22 = 84	78 - 37 = 41
39 + 15 = 54	50 - 15 = 35	63 + 21 = 84	77 - 36 = 41
40 + 15 = 55	50 - 16 = 34	64 + 20 = 84	76 - 35 = 41
41 + 15 = 56	50 - 17 = 33	65 + 19 = 84	75 - 34 = 41
42 + 15 = 57	50 - 18 = 32	66 + 18 = 84	74 - 33 = 41
43 + 15 = 58	50 - 19 = 31	67 + 17 = 84	73 - 32 = 41
44 + 15 = 59	50 - 20 = 30	68 + 16 = 84	72 - 31 = 41
45 + 15 = 60	50 - 21 = 29	69 + 15 = 84	71 - 30 = 41
46 + 15 = 61	50 - 22 = 28	70 + 14 = 84	70 - 29 = 41
47 + 15 = 62	50 - 23 = 27	71 + 13 = 84	69 - 28 = 41

Seite 72

Bäuerin Anna muss noch 31 Bäume ernten.

Es bleiben 16 gute Kürbisse übrig.

Seite 73

Herr Küberl muss 21,50 € bezahlen.
Diese Information brauchst du nicht: Das Weckerl um 1,50 € und das Kürbiskernöl um 6,99 € nimmt er nicht.

Bäuerin Heidi muss 60 Käselaibe auflegen.
Diese Information brauchst du nicht: Bäuerin Heidi möchte vor 6 Uhr mit ihrer Arbeit fertig sein.

Bauer Leopold hat 100 Schafe.
Diese Information brauchst du nicht: Auf der Weide von Bauer Felix grasen um 4 Schafe weniger als auf der Weide von Bauer Leopold.

Seite 74

5 · 6 = 30	30 : 5 = 6	30 : 6 = 5	
9 · 6 = 54	6 · 9 = 54	54 : 6 = 9	54 : 9 = 6
7 · 8 = 56	8 · 7 = 56	56 : 7 = 8	56 : 8 = 7
8 · 9 = 72	9 · 8 = 72	72 : 8 = 9	72 : 9 = 8
4 · 7 = 28	7 · 4 = 28	28 : 4 = 7	28 : 7 = 4

Seite 75

Lea ist älter als Leo.
Onkel Peter ist älter als Tante Lotte.
Bauer Felix ist älter als Bauer Leopold.
Bauer Felix ist am ältesten.

Seite 76–77

10 + 31 = 41	26 − 2 = 24	16 + 14 = 30	100 − 1 = 99	20 + 17 = 37
48 : 6 = 8	26 − 24 = 2	63 : 9 = 7	3 · 7 = 21	12 + 58 = 70
10 + 47 = 57	80 − 18 = 62	27 + 6 = 33	71 + 28 = 99	72 : 9 = 8
49 : 7 = 7	28 : 7 = 4	5 · 2 = 10	93 − 12 = 81	15 + 85 = 100
30 − 24 = 6	95 − 25 = 70	6 · 5 = 30	99 − 8 = 91	56 : 7 = 8
9 · 8 = 72	9 · 3 = 27	56 + 43 = 99	100 − 9 = 91	27 − 15 = 12
25 : 5 = 5	36 : 9 = 4	24 : 4 = 6	35 : 5 = 7	20 + 74 = 94
8 · 7 = 56	94 + 5 = 99	98 + 2 = 100	9 · 7 = 63	8 · 8 = 64

Seite 78

Alter: Valentin, Beate, Mama, Papa
Größe: Mama, Papa, Valentin, Beate
Gewicht: Papa, Mama, Valentin, Beate

Seite 79

14 + 16 = 30 + 12 = 42 + 29 = 71 − 46 = 25 + 19 = 44 + 48 = 92 − 74 = 18 + 57 = 75 + 24 = 99 + 1 = 100 −63 = 37 + 15 = 52 − 27 = 25 − 17 = 8 + 33 = 41 + 27 = 68 + 28 = 96 − 19 = 77 − 72 = 5 + 74 = 79 + 9 = 88 − 45 = 43 + 26 = 69 + 18 = 87 − 52 = 35 + 23 = 58 − 44 = 14 + 28 = 42 + 45 = 87 + 13 = 100

Seite 80

3 in 14 = 4 mal 2 Rest
4 in 9 = 2 mal 1 Rest
2 in 5 = 2 mal 1 Rest

2 in 7 = 3 mal 1 Rest	5 in 22 = 4 mal 2 Rest	8 in 12 = 1 mal 4 Rest,
4 in 17 = 4 mal 1 Rest	3 in 11 = 3 mal 2 Rest	7 in 16 = 2 mal 2 Rest
5 in 26 = 5 mal 1 Rest	6 in 14 = 2 mal 2 Rest	9 in 10 = 1 mal 1 Rest

Seite 81

2 Zehner + 7 Einer = 27
3 Zehner + 6 Einer = 36
4 Zehner + 5 Einer = 45
6 Zehner + 3 Einer = 63
7 Zehner + 2 Einer = 72
8 Zehner + 1 Einer = 81

$3 \cdot 9 = 27$
$4 \cdot 9 = 36$
$5 \cdot 9 = 45$
$7 \cdot 9 = 63$
$8 \cdot 9 = 72$
$9 \cdot 9 = 81$

www.ggverlag.at
ISBN 978-3-7074-2087-6
In der aktuell gültigen Rechtschreibung
1. Auflage 2017
Autorinnen: Susanna Jarausch, Ilse Stangl
Illustrationen: Irmtraud Guhe
Printed by Litotipografia Alcione, Lavis-Trento, über Agentur Dalvit, D-85521 Ottobrunn